LOCUS

LOCUS

LOCUS

LOCUS

catch

catch your eyes ; catch your heart ; catch your mind‥‥‥

國家圖書館出版品預行編目資料

時尚八爪女：EJ精品公關日記／
詹麗華.-- 初版--
臺北市：大塊文化，2005[民 94]
面： 公分.--(Catch :85)
ISBN 986-7291-17-4 (平裝)

1.公共關係

541.84 94001219

catch 85 時尚八爪女——EJ精品公關日記 作者：詹麗華 責任編輯：韓秀玫 美術編輯：Lupo
法律顧問：全理法律事務所董安丹律師 出版者：大塊文化出版股份有限公司
台北市 105南京東路四段25號11樓 www.locuspublishing.com
讀者服務專線：0800-006689 TEL：(02) 87123898 FAX：(02) 87123897
郵撥帳號：18955675 戶名：大塊文化出版股份有限公司 總經銷：大和書報圖書股份有限公司
地址：台北縣五股工業區五工五路二號 TEL：(02) 89902588 (代表號) FAX：(02) 22901658
初版一刷：2005年4月 定價：新台幣250 元 ISBN986-7291-17-4 Printed in Taiwan

時尚八爪女

EJ精品公關日記

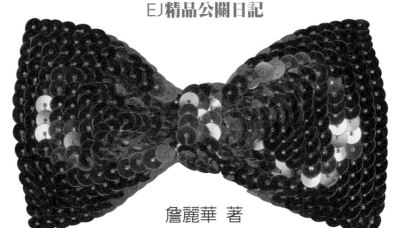

詹麗華 著

寫在出版前

從事媒體工作近20年後轉戰到精品公關領域，我常常對我的同事們笑稱自己是公主變丫環！怎麼說呢？或許是對自己仍有期待，心中還有夢想，毅然決然辭去服務近20年、薪水優渥，退休金即在眼前、工作又如魚得水、人人羨慕的工作，一頭栽進精品公關領域，一晃眼創業已六年多。

精品公關這一個行業在許多人的印象中似乎就是打扮得光鮮亮麗地穿梭於記者會場接待媒體，招呼客戶與時尚名人，或是陪客戶吃飯應酬，雖然以上提到的都算，但是我要提醒所有想要進入精品公關這一領域的年輕朋友一個重要觀念：一個真正專業的精品公關人員除了要有熱忱、喜歡與人溝通外，還需具備刻苦耐勞、細心樂觀的個性，另外，美感訓練、品味培養及欣賞藝文活動的興趣都有助於一個專業精品公關人員的養成。精品公關的執行是從每一個案子的創意發想到實際執行間所有的細節都疏忽不得，例如：從媒體策略規劃與聯絡、專訪的安排到現場佈置、節目內容的提案與流程掌控，甚至連接待桌的桌巾顏色、背景音樂、會場空調溫度乃至工作人員當天所穿著的服裝是否得體，有否配合當天活動主題等等細節都必須注意，更別說活動前加班製作媒體資料袋、包裝媒體禮物的女工形象了。

就因為自己投入的公關領域是以頂級精品客戶為主要的服務對象，專業公關人員的訓練與養成成為公司最大的資產，所以本書的出版一方面除了詳實介紹過去執行的成功案例外，另一方面也將公司同事間工作上的歡笑與淚水與讀者分享，作為與我一同奮鬥的夥伴們一個工作歷程的紀錄整理與鼓勵，同時擷取摘錄過去六年來從事精品公關服務的酸甜苦辣經驗與想要進入精品公關領域的朋友或是業界同好分享交流。

這本書之所以以「EJ精品公關日記」作為書名的副標,源自EJ是「亦傑創意行銷」的英文縮寫,而書中每個個案背後的執行團隊都是亦傑一群任勞任怨,犧牲奉獻的可愛女孩,在這個都是女生的國度裡,時而丫環般的辛勞、時而公主般的美麗,一一完成了許多不可能的超級任務,藉此衷心地對這群與我並肩作戰的女孩們說一聲:「謝謝你們,辛苦了!」

人生的道上總會碰到許多決定性的轉折,在選擇與決定之間考驗著我們的智慧。回頭看已走過的軌跡,若不是當初選擇離開媒體草創公關公司;若不是許多好友的頻頻催促與建議,也就沒有今天這本書的出版。醞釀了二年多,前後整理了一年多,終於可以出版了。要感謝的人實在很多,首先要感謝所有客戶給亦傑機會及給我的支持與鼓勵,因為你們的支持與鞭策,激發了這些成功的案例。感謝好友陳明達,要不是當初他表示:假如沒有出版社出書,他保證幫我出版的支持下,才讓我有勇氣寫下去;感謝生病在家療養的沈宜芬與出國深造的龍怡君的擬稿與案例資料的整理;感謝好友高瑞玲與大塊副總編輯韓秀玫的專業建議;感謝王穎琪小姐、王晴小姐、江明芬小姐、李文嬌小姐、周美娟小姐、陳家秀小姐、陳碧玟小姐、黃丹樺小姐、張正勳小姐等在品牌故事介紹上給予專業的校正與協助。

更要誠摯地感謝結識多年的長官摯友們:中天電視董事長周盛淵先生、匯豐投資管理集團台灣區負責人宋文琪女士、萬寶龍大中華區執行總經理葉美英女士、美商蒂芙尼台灣區總經理鄭淑娥小姐在百忙中抽空為拙作寫序。

出書在即,筆墨見拙,衷心希望這是一本值得讀者閱讀的書。身為八爪女,相信未來還有許多不可能的任務仍將繼續發生,或許有一天,您的故事也會出現在我的檔案中喔!

詹麗華　　2005年1月　于台北

公眾關係已經演化成為一個課程，在國內外的許多學校裡，它通常會被給予三個或以上的學分。

但是在國內很多人的心目中，公關這兩個字眼，似乎還是難登大雅之堂。這與當年「公關」盛行初期，總與酬酢和餽贈綁在一起，似乎脫離不了關係。事實上，現在公關主要是為了對內及對外溝通而設，它從規劃初期開始到完整執行，都有一套邏輯和模型，舉凡溝通技巧、媒體運用、社群關係等等，都是從事公關人員的必備知識。

本書作者詹麗華小姐，用六年時間完成了許多成功案例，累積了許多心得與經驗。它的成功經驗中，讀者很自然地從中汲取了重要的方法與原則，她無意將這本書寫成一本教材，但是八個章節及多個故事，無疑將為她的讀者帶來很多啓發與遵循。

不過，公關工作的執行雖然有它一定的範疇和模式，但是並不一定都能成為成功的案例，因為創意發想，佔了非常重要的比例。慧心和巧思，並不必然是所有公關人員都能具備的特質。

麗華與我同事多年，她的慧點和努力是我所確認，前者使她富有創意，後者使她堅毅卓絕。這本書的出版，就是這兩項特性的呈現。

周盛淵（中天電視董事長）

我和麗華相識在一個非常偶然的場合。當時,我們都經朋友介紹到一位氣功老師那兒去調養身體。初見時,只覺得如此一位兩眼炯炯有神,充滿活力的女子為什麼還要來練功?果然,不久之後,這位健康、活潑的女子就在老師的建議之下不情願地把時間讓給了我。從此,對麗華,我有一份感謝。

初次見識麗華的創意是她突發奇想,把樣品屋拿來作Cartier發表會場地的那一次。當時,我正在物色新居。沒想到,麗華選中的樣品屋,後來竟也成了我選中社區的一部份。或許,我們還真有點臭味相投吧。

真正和麗華合作是我在老東家怡富的時候。當時,我一心想為怡富規劃些和本土藝術創作有關的活動。經過麗華的建議和奔走,怡富與在北美館舉辦個展的徐秀美小姐共同辦了北美館第一場夜間的「藝術饗宴」。當天,怡富邀請的近五百位貴賓在藝術家親自引領下,度過了一個藝術、文化與生活交流、豐富而令人回味的夜晚。後來,我才知道,由於求好心切、而我們的預算又有限,因此麗華幾乎是以「義務」的方式為藝術創作者、北美館和怡富辦了這場成功的活動。

在聰穎活潑的外表之下,麗華是一位極有創意、熱愛藝術、並且有高度執行力的人。和她認識的時間雖然不長,卻因為個性相投,成了好友。好友出書,自當極盡美言,但字字句句卻也全無溢美之辭。麗華的客戶和好友們應當都會同意我這樣說吧!

宋文琪(匯豐投資管理集團台灣區負責人)

詹麗華是我最尊敬與欣賞的公關人，麗華不僅是位專業的公關人，更甚的是她在各種公關活動的規劃上總是細心地考量了每個環節，如何讓主辦活動的當事人獲得最大的效益，如何保有企業應有的格局與風範，同時，顧及參與的名人與名流應有的禮遇，建立與企業更長久緊密的合作關係，凡此種種都是以長遠的眼光來為企業與名人間的合作樹立最佳的典範。

麗華是位有理想的公關人，她積極地安排許多文化界、藝術界的傑出人士參與公關活動，更催生了許多企業贊助文化與藝術活動，在她推動下，開辦了許多創新與獨特的藝術活動，更使企業的公關活動獲得極高的評價與公眾的肯定。

麗華熱愛她的工作，對於每個她所服務過的品牌與活動，無不全心投入竭盡所能地達到最好的效果，作為她的好朋友，我不僅疼惜她的辛苦也欣賞她敬業的工作態度。

這本書是麗華七年來公關之路的精闢之作，她完整地剖析了公關工作的精髓，是公關工作非常重要的一本工具書，亦是企業界很好的參考書。

萬寶龍今日的成功與亦傑創意行銷的成功是緊密融合在一起的，這七年來，我們共同經歷了許多歡樂與艱辛，克服了許多我們不敢想像可以克服的困難，萬寶龍與亦傑已經是緊密不可分的好夥伴，看著麗華對每個品牌、每個公關活動展現出無限的熱情與無怨無悔的投入，我謹代表所有她服務過的品牌對她獻上崇高的敬意與謝意，並預祝她在這條公關事業路上永遠歡喜快活，繼續開創無數品牌璀璨的未來，大家共結美好的果實。

葉美英（萬寶龍大中華區執行總經理）

人生行路，時常充滿驚奇。十年前，我因緣際會地進入精品這一行。若說這品牌是精品皇冠上最突出的那一顆鑽石，或許也不為過。但看倌您若以為香檳加魚子醬，頂級牛排加紅酒之間，鑽石就會發亮，自動璀璨耀眼，那可就事與願違了。

我們日常生活接觸的消費品行銷方法繁多，廣告之外：折價券、減價、派樣試用、附贈品等等不勝枚舉。精品則不然，它往往藉由大型活動來深化顧客關係。這時，每一場活動都是現場演出，不能NG；更是只許成功，不許失敗，而關鍵就在每一個環節都要事先妥善規劃及嚴格執行，更要備有應變的B計劃甚至C計劃，以應對突發狀況的考驗和挑戰。身為活動策劃人或擔任公關經理人，要具備這樣的能耐和冷靜的頭腦、溫熱的心、麻俐的手腳、靈活的身段、百折不迴的韌度⋯⋯簡言之就是要多功能又零故障。

當舞台升起，站在幕前光圈裡的公關人員是幹練且舉止優雅的淑女；退居幕後，在光圈外的則是活動進行中隨時能補位的「八爪女」，她們能及時地將人、事、地、物處理得盡善盡美。

本書的作者詹麗華小姐，以其多年累積的功力，深入淺出地點出精品公關的多樣貌與不同的挑戰。每篇〈EJ公關日記〉讀起來，看似信手拈來，其實舉重若輕。她是無私的心得分享與懇切的提攜，給正在從事公關行業及有志於斯者，品牌經理人和行銷企劃人員一個非常好的自我觀照和先見之明。但願看倌您和我一樣在閱讀中感受到麗華的嚴謹、熱忱與魅力，並從中獲得許多養份。

鄭淑娥（Tiffany 台灣總經理）

chapter 1

名 牌 魅 力

Charm of the Brands

不論是珠寶、服裝或鐘錶設計，都會隨著時代演進、文化變遷、生活習慣改變以及工藝的發展，成為引領時尚潮流的指標，讓社會名流爭相擁有。究其原因，是許多品牌背後歷經百年經營所堅持的文化與精神，在經過歲月烽火的洗禮後，彰顯了品牌的光環與產品價值。一條普通的鑽石項鍊和一條曾經是溫莎公爵為情人精選的定情鑽石項鍊，二者之間在定位與定價上的差異想必是非常顯著而微妙！

我常想精品品牌每一季的產品發表會為什麼總是令業界及媒體引頸期待？精品品牌的魅力為何如此綿綿不絕，即使跨越百年依然光芒耀眼？什麼樣的精品公關操作手法才能創造最佳的公關效益？五年前一腳跨進精品公關領域後，從一次次的精品公關活動中我才逐漸找到答案。愛彼錶（Audemars Piguet）、卡地亞（Cartier）、芝柏錶（Girard-Perregaus）、愛馬仕（Hermès）、 積家錶（Jaeger-LeCoultre）、萬寶龍（Montblanc）、蒂芙尼（Tiffany）等等屬於人瑞級的百年品牌，她們有豐富的歷史供後人瞻仰，也有前瞻的眼光繼續領導時尚潮流前進。一只動輒數十萬的皮包，或是世上獨有價值兩億的鴿血紅寶石戒指，其高額的售價不僅包含了產品本身的實際價值，更包含了設計師的心血以及品牌走過的歷史與品牌所創造出的無價之夢。

對於擁有一只卡地亞動輒百萬或千萬的貴重珠寶的夢想或許與你我距離遙遠，但是針對精品公關的操作，從產品、媒體屬性、社會金字塔消費對象到經營者本身的思維邏輯與一般消費性商品的公關操作絕對大不相同，其中的差異性便是一個認真專業的公關人員必須細心觀察與了解的功課！對於如何在每一季的新品發表中藉由公關議題操作，為品牌產品

在現實與虛幻間創造一個夢，一個令人憧憬又嚮往的華麗境界，讓目標消費群愛上它，讓潛在消費群記住它，甚至造成時尚話題，正是專業時尚精品公關人員每一季的挑戰。本章將先以「卡地亞」及「萬寶龍」公關個案為例，看公關人員如何為精品品牌築夢，創造無價的品牌魅力。

卡地亞

皇帝的珠寶商，珠寶商的皇帝

享有歐洲皇室策封為「皇帝的珠寶商，珠寶商的皇帝」美譽的「卡地亞」，是精品界中創造美麗神話的佼佼者。這一個充滿傳奇故事的百年品牌，與眾不同之處絕不僅止於對寶石嚴苛慎選、品味超卓的設計，以及巧奪天工的手藝。人們喜愛卡地亞的另一個主要原因是她的「故事」與「傳奇」。一旦擁有卡地亞的珠寶，就彷彿將法國百年的浪漫氣息都穿戴上身了！

盡享歲月之美　尋找卡地亞神話的女主角

當法國巴黎的卡地亞骨董典藏部門決定將來自巴黎、倫敦與紐約三地的卡地亞歷史經典珠寶鉅作，總價值近新台幣三億元的傳世珍品運抵台灣巡迴展出時，一場盛大豪華的精品公關活動就考驗著我們公司同仁對卡地亞這個百年品牌的了解與公關執行的創意功力。卡地亞此次來台展售的所有骨董珍品，分別跨越藝術美學史上的三個重要時期，包括：美好年代時期（La Belle Epoque）、裝飾藝術風格時期（Art Deco）及二次大戰後懷舊復古風

時期（Retro style）。整體活動從場地尋找、活動代言人選定、現場佈置設計、餐點安排等等細節，我們都得仔細挑選出最能烘托卡地亞大氣優雅的品牌風格。其中最重要的環節就是我們得找出最能詮釋卡地亞這三個時期的神話女主角。

對每一個品牌來說，「一致性」是經營品牌最重要且基本的原則，尤其是站在金字塔頂端的時尚精品，其形象更需要用心維護。因此我們仔細考證這三個影響珠寶設計界甚鉅的重要時期的歷史背景，務求呈現出來的畫面能符合當代的時尚潮流。從「美好年代」時期的貴族名媛；「裝飾藝術風格」時期的大膽異國風女性；到「懷舊復古」時期的華麗甜美的新娘，我們企圖從化妝、服裝、人物到音樂等氛圍都忠實重現實客眼前，讓人們的想像隨著三位女主角回到20世紀初。這種形式不但要充分發揮卡地亞重視歷史與文化的精神，更要能將卡地亞擅長說故事的功力與真實生活緊密結合在一起。不過要尋找能代表卡地亞這三個時期的代表人物絕非易事，她們必須有足夠的知名度，卻沒有過度的曝光；必須同時具備卡地亞的優雅氣質，卻又各自擁有鮮明的個性；必須有很出眾的外表、並且兼備令人眼睛一亮的可塑性。在經過了一番激烈的討論與篩選之後，最後由優雅浪漫的畫家陳香吟小姐、纖細冷艷的鋼琴家彭鎧立小姐及白皙摩登的作家成英姝小姐分別代表三個時期的女性上舞台走秀，呈現卡地亞150年來文化與藝術價值的歲月之美。

向卡地亞學習 頂級精品的公關活動執行

此次規劃出的三個珠寶時期與人物造型話題，在我們發出媒體邀請函之後，果然成功引起媒體極大的興趣，隨即有多家媒體主動爭取獨家採訪拍攝權，並且願意提供大篇幅的專

三位代表珠寶藝術史上三段輝煌時期的卡地亞女王
由左至右：代表「Art Deco年代」的鋼琴家彭瑤立、代表「美好年代」的聲
家陳香吟及代表「懷舊復古年代」的作家成英姝

訪報導。除了新聞話題營造成功外，擁有百年歷史的卡地亞品牌對於記者鑑賞會的一切細節安排都經過審慎規劃，包括場地的選擇，必須兼具私密性、獨特性、優雅氣派的環境與足夠容納百餘人的空間條件，經過多次勘查台北市的幾個場地之後，一處位於信義區半山坡上的私人畫廊成為記者鑑賞會及貴賓之夜的最佳場所。

餐飲部分，我們在事前即安排Food Testing，並針對餐點的配色是否符合此次主題；口味方面則考慮下午的記者鑑賞會與貴賓之夜的時間點不同，必須在食材上做適度調整；食物的尺寸大小是否適合仕女名媛們吃得輕鬆優雅等等問題，都一一與主廚當面溝通討論。

另外對於三位名人的造型，我們不僅請求卡地亞骨董典藏部門的資料支援，更上網搜尋文獻、找出當代知名女星的電影劇照、到圖書館查閱西洋流行服裝史、音樂史，一點一滴逐漸將每個時期的西方女性特色勾勒出清楚的輪廓。當然除了考據時代之外，最重要的是必須依據她們自己的個性與特色加以發揮，特別是化妝的部分，三位名人經過數次的試裝與定妝後，陳香吟小姐粉嫩豐腴如皇室女王般的造型代表「美好年代La Belle Epoque」；代表「裝飾藝術Art Deco」的彭鎧立小姐，一雙迷濛慵懶的「煙薰眼smoky eyes」成為最具個性的女性化身；而代表「戰後懷舊復古風Retro style」的成英姝小姐，則有別於平時清新模樣，以性感豐潤的紅唇成為戰後領導時尚女性的化身。

記者會後，決定活動是否圓滿成功的關鍵就在當天的晚間新聞與隔天的報紙露出，果然不負眾望，媒體大篇幅報導，以及名人佩戴珠寶的相片不斷出現在平面與電子媒體上，尤

唯有豪華、精緻及深具特色的
活動才足以匹配卡地亞頂級珠
寶的耀眼光芒

其畫家陳香吟小姐一幅頭戴皇冠、身著粉紫色禮服、宛若女皇般凝視遠方的照片更是令人印象深刻。這次的骨董珍品巡迴展在台北記者會結束後，藉由成功的媒體公關造勢，人們終於親眼見到了百年卡地亞骨董珍品的生命與傳奇，甚至連邀請的三位名人都能親身感受到卡地亞這個百年老店對每一個細節的講究。

卡地亞「珠寶商的皇帝」封號果然名不虛傳。由於電子媒體、報紙與時尚雜誌的露出率幾乎全壘打，我們一下子感覺所有的辛苦都值得了，或許這就是精品公關業最迷人的地方，我們不是台前的演員，卻是幕後的推手；我們或許享受不到受人歡呼愛戴的光環，卻可以微笑看著成功，並對所有的幸運和努力了然於心，這是一種不足為外人道的滿足感，也是我們之所以能夠一直堅持下去的理由。

萬寶龍
歐洲精緻書寫工藝第一品牌，引爆時尚話題

21世紀初，「BOBO」這名詞出現在紐約（其實是布爾喬亞Bourgeois泛指中產階級加Bohemians波希米亞，奔放不羈的生活方式的綜合體），這個族群在生活及事業上均極得意，過著現代奔放不羈的生活，他們尊重傳統並發掘其中新意，融入世俗卻不盲從；不自我設限，保持生活上及精神上的韌性及彈性，恣意品味生活趣味。逐漸地，BOBO文化蔓燒全世界，無論時裝流行、室內設計、家具風格等，都深受影響。而第一個在台灣掀起BOBO新聞話題的精品品牌正是萬寶龍。

萬寶龍「BOHÈME奔放不羈之夜」會場充滿BOBO式的奢華與浪漫基調

萬寶龍「BOHÈME奔放不羈之夜」邀請鋼琴家陳冠宇及女高音傳上珍演出

　　近百年歷史的歐洲書寫工具第一品牌「萬寶龍」，一向傳達沉穩內斂的印象，是成功人士表彰身分的最佳配件。然而隨時代變遷，新世紀的成功人士必須重新定義，為呼應「BOBO族」即將引領風騷的新世代生活觀，我們針對國外BOBO族、BOBO文化的研究資料，從中找出與台灣BOBO型態消費者的相同性，再尋求一個最快、最容易為消費者接受的方式，將這波新的文化潮流順利介紹給台灣的媒體及消費者。在資料收集過程，我們發現不僅是歐美地區，在台灣也已然有不少正過著BOBO生活或是正朝著BOBO精神邁進的人！他(她)們努力工作並盡情玩樂，他(她)們認真享受工作成功的果實，並盡情享受生活所能提供的樂趣，他(她)們相當自信，往往是各個領域的菁英份子，易於接受非傳統的思想，即使與世俗的標準及態度相違背，也不肯放棄堅強的信念，他(她)們更是流行時尚的積極追求者。這些隱藏在台灣各處的人們或許還說不出自己屬於BOBO族，但是我們相信一旦他(她)們接收了這樣的資訊之後，肯定會與世界同步、大大認同這樣的歸屬！

奔放不羈　萬寶龍『Bohème之夜』

　　歐洲書寫工藝第一品牌萬寶龍於全球推出Bohème精筆系列，筆身採用高級黑色樹脂製成，小尺寸的造型高雅細緻，筆夾上鑲有一顆長型寶石，頹廢風格中顯露奢華美感，有別於萬寶龍既有產品穩重內斂造型，這樣的突破與改變乃是特別針對社會新興的BOBO族群所特別量身打造的。Bohème精筆系列，不僅是一項新商品上市，還兼具了文化風潮的傳播。

　　為了詮釋BOBO設計原創概念，一場史無前例的『Bohème奔放不羈之夜』發表會，從現場佈置、表演節目，到賓客名人的邀請，都以符合BOBO生活為前題，預期將讓所有參加的媒體與賓客充分感受BOBO一族的奔放不羈！

　　在會場空間設計上特別邀請國內資深劇場舞台燈光設計大師林克華先生透過光影變幻詮釋Bohème奔放不羈的意涵；另外為加強現場氣氛的營造，以散發冷冽光澤的金屬材質搭建主舞台傳達現代感，輝映Bohème精筆系列筆身性格，另外還有粉色系鬱金香水池、造型別緻的燭台、柔和浪漫的天幕等將Bohème系列筆款融入會場設計中，描繪出Bohème所欲呈現的浪漫、隨性性格。節目安排上，鋼琴家陳冠宇以美國20年代音樂家蓋希文的作品，做為表演曲目之一，蓋希文的曲風融合了美國爵士樂與古典樂的動、靜風格，不僅突破當時的傳統，旋律中更展現出奔放不羈的野性魅力，相當符合BOBO的主題；青年女高音傅上珍則選擇歌劇〈La Bohème波西米亞人〉中的「Quando me'n vo'soletta 當我走在路上」曲目，故事描述一名女子為了吸引前任男友的注意，大膽表現出誘惑的意味，充分展現新世紀BOBO女性對自我的追求與勇敢的情感表達；另外，新生代編舞家詹曜君特別新編一首

Bohème之舞，在狂放的舞蹈中將產品Bohème系列奔放不羈的自由心性與內蘊神髓展現無遺，並藉此向媒體及大眾宣示一種即將成為流行文化新寵的Bohème式的新興生活形態來臨了！

創造流行話題　品牌不倒哲學

　　BOBO風自萬寶龍『Bohème奔放不羈之夜』後吹入台灣，當場就引發許多時尚媒體的關注，這股世界潮流讓國內時尚媒體無不竭盡所能地挖掘相關的訊息，除了盡可能地捕捉發表會現場視覺、聽覺等有關BOBO的元素之外，更圍繞著客戶詳細詢問Bohème系列的靈感來源、BOBO文化的起源、BOBO族在歐美風行的狀況等。由於與客戶在事前即針對媒體預期報導的狀況與報導露出情形做過沙盤推演，果然如預期所料，此一議題從發表會後的三個月，「BOBO」一辭陸陸續續出現在各種媒體上，引起消費者廣大的共鳴。許多原本已經默默實踐這種生活方式的人，對於自己的族群產生莫大的認同感；更有許多原本掙扎在傳統與現代之間的新人類，對於新的人生目標感到更有信心、更加確定。而幾乎每一篇談到BOBO的文章，都會將萬寶龍的Bohème系列介紹一番，將它視為BOBO族人必備的單品。漸漸地，討論BOBO的網站如雨後春筍般崛起、專賣BOBO書籍的書店開張、強調BOBO風格的服飾店也四處林立。BOBO成功地從「一個名詞」轉變成為「文化」與「時尚流行」的代名詞，而萬寶龍的Bohème系列也理所當然地成為最暢銷的商品之一，這次的公關運作也如期確實達到客戶所要求的目標、掀起時尚風潮議題、達到最高的媒體露出價值。至今，BOBO族群的話題仍舊方興未艾並成為時尚字典裡必定記載的一筆重要資料。這就是文化與時尚的魔力，也正是萬寶龍的魔力。

萬寶龍的活動皆會邀請藝術家參與，充滿藝術人文與時尚的氣息，散發萬寶龍獨特的品牌魅力

EJ公關日記

看完兩個案例，你的心是否已被名牌精品的魅力溶化了呢？其實在每一個精品公關活動的背後，每個工作人員幾乎是付出全力執行，務必追求每一個細節都能盡善盡美。而負責的專案小組人員，幾乎沒有假日可言，從收集資料到現場佈置規劃、節目內容設計、現場執行等等都要巨細靡遺。記得是萬寶龍的「奔放不羈之夜」，當天設計師林克章老師設計了六組鬱金香水池，水池必須續滿水、點上浮水紙燭，由於施工單位人手不足，我們這一群女大兵每個挽起袖子挑水掃地，直到活動開始前半小時才趕緊換裝、化妝，漂亮得體的接待賓客。所以，每當一個活動或記者會結束後回到公司，所有人莫不把高跟鞋、小禮服脫下，換上輕鬆舒適的平底鞋及牛仔褲，只有公關菜鳥才會在一大早進行場地佈置時就把高跟鞋穿上，一整天下來包準從眼腫到小腿，加上沒時間吃便當，頭昏眼花那是必然的啦！

其實，我很喜歡每次活動結束後，大家回到公司一起聚在會議室啃著中午來不及吃的便當，同時討論當天活動的缺失。這一刻，我看到大家對公關的熱情以及工作上所帶來的成就感與滿足，雖然身體已經累了，但是精神卻是抖擻的。或許這就是品牌的魅力吧！

chapter 2

記者大人萬萬歲

Long Live the Master Reporters

記得公司剛成立初期，同事們每次遇到要辦活動或記者會時，最擔心的事就是聯絡媒體記者。不只擔心記者當天能不能出席；另一方面也害怕跟記者說話，怕一說錯話就要挨記者罵。所以每次到必須打電話確認媒體是否出席記者會的時刻，大家總是戰戰兢兢。其實我也從事媒體將近二十年，深知媒體記者的工作辛苦，雖然有許多優秀的資深記者或編輯都是與我一起成長的老朋友，可是投入公關領域後，公主變丫環的角色轉換調適期，著時也讓我花了一些時間。但是我常鼓勵同事們試著跟記者做朋友，儘量去了解他們的工作型態，提供最充實的報導內容，加上用同理心去體諒他們的情緒，就不會覺得記者很可怕了！

媒體屬性不同　記者脾氣也大不同

如果將所有媒體版面的記者們做一比較，包括：市政、教育、藝文、政治、財經、影劇、消費、體育等等，我覺得消費線的記者或編輯們可能是比較可愛的一群，或許是因為常常接觸美的事物，讓心情比較快樂，臉上的笑容也多一些。有機會如果比較一下社會版或電視上評論節目常常出現的政治線記者的臉孔，應該會覺得精品公關所接觸的媒體記者真的親切多了！

但是記者也是人，也有自己的脾氣與堅持，跟工作無關，例如有些比較熱情的記者，對自己比較熟悉的公關人員通常見面都是先來個熱情的擁抱；有些記者甚至還會主動將上次記者會的露出報導在這次記者會上帶來給公關公司人員做剪報蒐集；當然也有撲克臉的記者，不過畢竟是少數。認真比較起來，週刊或月刊雜誌的線上記者人情味比較重，或許是

時尚活動提供賓客的食物與飲料，都是針對每一場活動所設定的主題精神而設計

截稿壓力沒那麼大的緣故吧！由於不是天天都要截稿，所以晚上舉辦的精品時尚派對，週刊與月刊的編輯或總編輯們出席的機率較高。反觀同樣是平面媒體的報紙記者就沒這麼空閒，每天都有截稿壓力，有時還要做大篇幅整版的專題報導，所以報社記者的「火氣」通常都比較大。另一個非常重要的媒體就是電視媒體，目前擁有新聞節目的電視台少說也有十幾家，這是最令客戶及公關公司又愛又怕的媒體類型，因為難以掌握，但效果卻最大，加上每次跑線的記者並不是非常固定，所以在媒體關係的經營上就比較困難，但是大體上新聞台的新聞記者脾氣都還不錯，對於公關公司的事後媒體消息露出追蹤，通常也都能盡量幫忙。

其實媒體記者也是有血有肉有感情的。曾經，公司一群女生為了希望徹底了解電視新聞台對每則採訪回去的新聞是如何處理；每天三節的編輯會議是依據什麼原則分配採訪與不採訪的傳真邀函；什麼時候比較方便打電話給記者才不會影響到他們的工作等等作業流程，特別透過朋友邀請了一些電視新聞台的單身記者們一起聯誼，這段聯誼不僅幫助我們充分了解電視媒體的新聞作業流程，數年之後更造就了一段美好姻緣。

另外，為了對平面媒體的新聞角度安排與喜好有更深度的了解，公司也常舉辦Workshop邀請線上資深記者與公司人員進行溝通交流，training課程不僅有助於與媒體的互動，在公關新聞角度設計上也能更精準達到媒體的報導需求。所以，試著用開放的心去了解每個記者的脾氣及工作模式，相信對於精品公關人員在工作上將有事半功倍的效果。

良好的媒體互動

　　每個品牌不論是辦記者會或辦活動，主要目的之一就是希望透過公關的運作讓媒體記者主動多加報導，而媒體記者們不分春夏秋冬，刮風下雨，每天都要參加多場記者會，實在非常辛苦，有時難免也覺得無聊，所以在記者會內容的設計上都會將媒體記者可能的感受考慮進去，盡量設計一些互動遊戲，一方面可以讓記者有參與感、加深品牌印象，一方面還可以炒熱現場氣氛。但要切記兩個基本原則：

　　1.遊戲規則必須簡單且與產品息息相關。

　　2.遊戲可以獨立完成。千萬不要把遊戲規則訂得太複雜，讓原本已經很疲累的記者更加不耐煩，招致反效果；對於一些獨來獨往或是較謹慎的記者，如果對方表示不願意參加遊戲，公關人員就該適可而止。

反正就是把記者當作我們最重要的VIP來接待。記者會或活動辦得越特別越好玩，報導露出的機會就越高；媒體禮物越特別、準備越用心，相信記者間口耳相傳也會提升品牌知名度。另外，由於電視新聞台的報導效應強大，活動總是會特別為電子媒體設計適合拍攝的表演畫面，當畫面精彩、訪問內容也充實，晚間新聞播出的機會就高，播出秒數自然也可能會較長。

伊莉莎伯雅頓

紅門媚影

當百年品牌伊莉莎伯雅頓（Elizabeth Arden）為了讓品牌印象重新烙印在時下年輕的顧客群心中，特別在2002年做了一項重大決定，選定兼具知性與美麗的國際知名影星——凱薩琳麗塔瓊斯（Catherine Zeta Jones）擔任全新代言人，對於為什麼會放棄眾多年輕貌美的模特兒而選擇已經結婚生子的凱薩琳？雅頓行銷副總裁Lisa Mataro解釋：「一個女人的美有許多面，她可以是充滿活力的、令人神魂顛倒的、或是性感動人的！所有這些及更多的特質都將藉由麗塔瓊斯小姐的詮釋而賦予具體的形象，而一瓶象徵女性多面相風情的香水——「ardenbeauty」也同時配合上市。

讓媒體記者開心尖叫的記者發表會

這場記者發表會以「開啓伊莉莎伯雅頓年輕的全新時代」為主軸，透過精心設計的每個內容環節，讓每一位媒體記者都可以親身體驗著名的伊莉莎白雅頓的紅門重新「開啓」儀

記者會上唯有開啓伊莉莎白雅頓這道百年紅門，才有機會一窺雅頓的綺麗世界

式。入場的大門是高瘦的紅門，其與1910年雅頓小姐在紐約第五大道上開設的沙龍大門一模一樣，代表開啓世間一切美麗的事物；產品呈現則由代表ardenbeauty香水首調--火辣熱情的「朱宗慶打擊樂團」木琴首席演奏家吳珮菁，以六支木棒齊揮在琴鍵上狂放演出「火舞」。氣氛一轉，在lounge music慵懶的樂音下，國際名模林嘉綺近乎半裸地出現在伸展台中央，酥胸僅以鑽石綴飾，修長的雙腿若隱若現，在美人魚尾般的綢緞禮服中，近180公分的窈窕身段讓所有觀眾連聲讚賞，正是ardenbeauty中調令人神魂顛倒的魅力。

壓軸出場的是李詠嫻的雙人探戈舞蹈表演，為展現ardenbeauty成熟女人性感誘人的基調，李詠嫻冷靜自傲的眼神、黑緞流蘇的舞衣、冶艷華麗的化妝，僅僅外觀已經讓所有觀眾屏息。苦練探戈多日的李詠嫻隨著音符的落下，她宛如黑豹般靈活扭動著的身軀展現驚人的練舞成果。

當所有表演結束，每一位媒體記者們可以用入場時所獲得的鑰匙打開第二道紅門，這是專為媒體記者設計的餘興節目，有四扇鑲嵌在背版牆上的小型紅門，只有四把鑰匙可以開啓牆上的四座小門，門內各藏有一份豐富的大獎！這個簡單的遊戲蘊含重要的意義：每一個人心中都有一把鑰匙，可以開啓象徵美麗與自信的紅門，紅門一開，驚喜與歡樂也隨之而來。簡

伊莉莎白雅頓「紅門媚影ardenbeauty香水」發表會，木琴演奏家吳珮菁、名模林嘉綺及藝人李詠嫻分別代表ardenbeauty三種不同的香水基調

單又有趣的遊戲不僅清楚傳達品牌的訴求，更吸引媒體記者們爭相試試自己的手氣並在笑聲與驚叫聲中，愉快的參加完一場記者會。

這次上市活動前前後後配套舉辦的相關活動總共歷時3個月，為了這場活動所撰寫的新聞稿超過15篇，篇篇分別針對不同階段、不同媒體、設計不同的議題，領域跨足產品線、產業線、娛樂線、消費線等版面，用盡全力讓ardenbeauty香水上市成為全方位的報導。雖然活動執行過程很辛苦，但也唯有了解媒體屬性，才能針對個個媒體提供適合的新聞議題，也唯有提供充實詳盡的議題內容，才能獲得媒體朋友們的信任與肯定。

仙黛爾
內衣 魔幻花園的仙子

網路與時尚的結合在全球已經蔚為潮流，但是網路直播的內衣發表會卻是台灣的頭一遭。對於在法國位居數一數二內衣品牌的仙黛爾來說，他們的想法很單純，也很另類，他們希望透過這次活動讓更多的消費者記得「仙黛爾」這三個

字。他們直接以「網路實況轉播內衣發表會」為宣傳主軸,輔以前、中、後期精密計劃的廣告與公關活動,集中火力宣傳這一場網路直播發表會。

前導活動--超乎想像的女子票選

為了引發媒體對於預告網路發表會的興趣並在廣告之外刺激媒體公關的報導,仙黛爾與Yahoo!奇摩在活動前規劃了「超乎想像的女子」票選活動,希望藉由票選人物的誕生,一方面讓「仙黛爾的女人」形象化,使人對仙黛爾有更深刻的認識;另一方面可以在票選結果公佈記者會中同時預告網路直播內衣秀,在經由超過10萬人次的票選,成功有效的吸引網友的目光後,在票選公佈記者會上,分別邀請消費線媒體、娛樂線媒體與網路科技線媒體出席。仙黛爾副總經理與台灣Yahoo!奇摩總經理也親臨現場並說明票選與網路直播的技術突破,為這場網路科技與流行時尚的

仙黛爾「超乎想像的女子」網路活動票選得獎者：
李美鳳

首度大規模結合揭開序幕，並共同宣佈「超乎想像的女子」活動票選結果。

網路内衣秀直播——全球超過20萬人收看，SNG全程連線報導

　　仙黛爾系列活動的最高潮—「魔幻花園的仙子」網路直播發表會，是仙黛爾跨越傳統、邁進未來的重要一步。多年來，仙黛爾每一季的新品發表會都堅持採售票制，每一場只能容納350人，有意願參加的貴賓須先繳交訂位金，出席時仙黛爾再將訂位金轉換為購物禮卷回饋參加者。此舉不單使被邀請的貴賓認真看待仙黛爾的發表會，也是仙黛爾本身對發表會品質的自信與保證。但是此次仙黛爾突破思維，選擇網路直播，不單是台灣的第一次，也是整個仙黛爾集團全球首次的嘗試，不僅擺脫以往發表會在空間與距離上的限制，更使全球各地對時尚有興趣的網友可以在舒適自在的環境中，透過Yahoo!奇摩的仙黛爾專區在第一時間欣賞到國際級的大型時尚内衣發表會。

一場大型的網路直播發表會是人力、技術與時間的考驗，會場除了四台錄影機同時由不同的角度取景外，Yahoo!奇摩更出動最頂尖的技術人員與先進的數位轉播設備支援。當天除了所有平面媒體及電子媒體到場外並有兩家新聞台出動SNG車全程實況轉播，創下台灣內衣發表會的首例。短短的三十分鐘對工作人員來說宛如一世紀那麼長，每一個工作莫不仔細注意著每一個環節。當發表會圓滿結束，Yahoo!奇摩立刻宣佈統計數字，當天下午在總長三十分鐘的網路直播發表會中，除了現場觀眾外共吸引了超過20萬來自世界各地的網友同步於線上觀看，堪稱是台灣有史以來實際與虛擬觀賞人次最多的網路產品發表會。

仙黛爾「超乎想像的女子」網路活動票選得獎者：
賈永婕

EJ公關日記

在舉辦過無數次的公關活動之後，我想一些資深的公關人員應該都會發現有時記者會上，會出現一些奇怪的、自稱是媒體記者的不明人士，如果你要求他們出示名片，他們還真能拿出名片來，但是名片上印的某某報社或某某雜誌卻是聽都沒聽過。對於這一類神出鬼沒的媒體記者，我們統稱丐幫記者，他們的特色就是進會場迂迴一下然後就想拿了媒體禮物走人。所以通常遇到丐幫記者時，為了維護現場秩序，避免引發不必要的衝突並顧及對方的顏面下，公關人員的處理方式最好是請對方出示媒體邀請函，否則無法兌換媒體禮物，而且要強力執行才不會讓這些丐幫記者食髓知味，常常光顧你的場子。

無論如何，媒體記者與公關工作息息相關，無論是何種形式的記者會或發表會，每個細節都要仔細為媒體記者考慮到，尤其是最重要的Press Kit（媒體資料袋），絕對要內容重點清楚Highlight不囉唆；圖片漂亮，閱讀存取方便；公關人員更要對新聞稿內容充分了解掌握，有問必答，成為客戶的最佳助手。不諱言，所有記者會上的準備與安排，最終目的就是希望媒體報導的篇幅越大，活動也就越成功，公關公司的價值就越突顯，公關人員的成就感也就越高。所以，為了這一切，當然是高呼 「記者大人萬萬歲」囉！

chapter 3

哪裡
有最新的場地?

Where are the Newest Facilities?

每一季時尚精品不論是服裝、珠寶、手錶……大約都在接近的時間點上舉辦新品發表會，如果發表會的內容僅只是模特兒走走秀或是邀請名人代言，那麼套句我們同事之間在腦力激盪時常常吐嘈對方idea不行的談話：「這樣的表現方式套用在哪個品牌不是都一樣！」。所以一個專業精品公關公司必須從全方位的為客戶品牌考量，在每個活動元素上都能充分傳達品牌的精神及產品的特色，量身訂做，才能算是一個成功的公關創意。

　　一場成功的公關活動包含許多執行細節，但是如果沒找到適合的場地，許多執行動作都沒辦法進行。在場地選擇上，一般最方便的就是飯店的Ballroom或Function Room甚至附屬於飯店內的餐廳或Lounge Bar，但對於許多精品品牌而言，若能找到讓媒體記者感覺耳目一新的場地，同時也能襯托出產品的特色，將為整場活動加分增色不少。所以，相信許多公關人員一定常常在問：「哪裡有最新的場地？」

沒有場地　一切免談

　　挑選一個適合的場地所要考慮的因素很多，包括：場地的座落位置是不是交通便利、場地本身對媒體記者或時尚社交圈人士來說是不是新鮮特別，再者則是考慮場地本身建材及規劃質感是否符合客戶的品牌格調、場地大小可否容納足夠的賓客人數、內部動線是否流暢，場租是否符合預算等。若上述各項條件皆符合需求，接著就要考慮場地的設計佈置、燈光音響舞台的架設、餐飲準備區的位置、模特兒著裝化妝的區域、名人休息區的安排等等細節。以台北都會區來說，幾個擁有悠久歷史的精品品牌在記者會或發表會的場地選擇上幾乎每每讓媒體記者及業界嘆服，這些場地的使用取得幾乎是困難重重，像是台北市立

挑選時尚精品的發表會會場，既要新鮮好玩又要容納足夠的賓客人數。一但有新場地現身，公關公司有時得搶破頭才能拔得頭籌

美術館、台北當代美術館、自來水博物館、國立歷史博物館、國家音樂廳以及台北光點（前美國大使館）、松山菸廠……，上述場地皆有嚴格的使用條例，若欲取得使用權，除非在使用內容上需與該場地性質相符，例如：將設計師的創作作品與美術館的空間結合展出；或是提供高額的捐款成為長期贊助單位，即可享有一年固定次數的場地使用權。由於國際精品品牌的產品同質性相當高，因此當一個特殊的場地被使用過後，其他的品牌絕對不會在短時間內去使用同一個場地。所以有時在詢問場地檔期階段，同一個場地就會出現待價而沽的高姿態或是誰先付錢下訂誰就有優先使用權力。

怡富遊藝之夜
美術館的夜晚愈夜愈美麗

　　我的好朋友繪畫暨裝置藝術家徐秀美小姐恰巧在台北市立美術館舉辦個展，主題是「泰國——西班牙——台灣」，作品集結創作者旅居三地的創作。徐秀美與我都非常希望展覽期間能有企業的參與，加上我本身即非常期待能有適當的機會能在美術館辦一場深具意義的

活動，提供平常鮮少走進美術館參觀的企業人士一個參觀美術館及藝術家作品的機會，進而期待能開啟企業贊助本土藝術創作的契機。於是我們將這個想法向與精品品牌同樣服務金字塔頂端客戶的怡富資產管理公司提案，很快得到與當時擔任董事長的宋文琪小姐的認同與支持，因為是個可以贊助本土藝術家，又可以提升企業形象的好機會，同時也感謝北美館的支持，於是一場由北美館與怡富資產管理共同主辦，邀請近500位VIP蒞臨的貴賓遊藝之夜，不僅滿足怡富回饋、服務VIP的心意；另一方面也達到美術館與藝術家推廣藝術文化的目標。

針對活動規劃上，特別配合展出的主題規劃出相呼應的節目，包括：泰國迎賓舞蹈、西班牙佛朗明哥舞蹈及台灣命相館（手相、面相、米卦）三大主題。我們特別安排了專業的導覽人員為所有賓客解說畫作外並由藝術創作者徐秀美小姐負責整個會場的裝置藝術佈置。當活動規劃案完整向台北市立美術館提出時，因為活動時間訂在美術館閉館以後，且無前例可依循的狀況下，館方基於活動安全、活動的正當性與藝術性作多方面長時間的考量，在等待的過程中我們幾乎快要放棄，但是皇天不負苦心人，館方終於通知我們進一步

深具歷史與藝術深度的古蹟或美術館場地是精品品牌的最愛

開會溝通所有執行細節。由於執行細節考量完整周延，讓活動當天進行得非常順利，唯獨最後撤場時，因館方晚間九點一到就必須關閉展場的大閘門，讓我們幾乎是像逃難似的收拾所有的東西，現在想起來反而覺得好玩。而讓人更窩心的是隔天一早就接到館方的電話，除了祝賀我們活動辦得流暢順利外，還謝謝我們連撤場工作都做得非常乾淨負責任。畢竟任誰出借場地都不希望隔天一早看到的是亂七八糟的環境，人同此心、心同此理，這是我要求公司美女們小細節都不能疏忽的道理。

大街小巷尋尋覓覓　豪宅樣品屋成為場地新寵

　　在這個時期還有一種特殊場地可供辦活動使用的，就是豪宅樣品屋。豪宅樣品屋的內部裝潢氣派豪華，雖然只是一間臨時的樣品屋，造價也超過百萬，所以吸引許多精品品牌選擇在豪宅樣品屋舉辦活動，加上建商或是代銷商都希望能接觸更多有能力購買豪宅的消費者，而精品品牌的VIP正是豪宅的目標消費群，在雙方互惠互利的情況下，場地的洽借也較容易。但是如果想要借到尚未進行宣傳促銷且也未辦過任何精品活動的樣品豪宅，就得花時間搜尋或碰運氣了。

「怡富遊藝之夜」的接待大廳及泰國傳統舞蹈與西班牙佛朗明哥舞蹈演出

卡地亞的DIVAN　PARTY

　　為了新錶款「Divan」系列的上市，卡地亞台灣公司決定突破以往高不可攀的印象，舉辦一場讓所有與會者真正能盡情enjoy及relax的盛大派對！為此，我們幾乎踏遍了台北市每一家pub、lounge bar、disco場地，但不是面積太小就是風格不合。於是我們將目標改向私人豪宅，但是同樣遇到許多困難，例如：位置偏僻、隔間分散，甚至內部擺設裝潢價值連城，不太適合人來人往又是食物又是飲料的大型派對。因此我們將目標又轉移至美術館、博物館、飯店……，簡直快把台北市可能的場地都踏遍了！就在我們遊蕩街頭、一籌莫展、而客戶也快得焦慮症之際，車子一個轉彎，映入眼簾的是一座有戶外庭園，燈光造景樹影搖曳的豪華樣品屋，當時也顧不得已經將近夜間十點，一行人立即下車前往。只見一個渾然天成的場地出現在眼前：偌大的庭園、氣派的大門、挑高的大廳、簡明的內部裝潢、寬敞的空間，先天條件簡直無可挑剔，加上樣品屋剛蓋好尚未推出，同時位於信義計畫區交通方便，負責代銷的廣告公司更爽快地答應免費租借場地並承諾全力配合所有需

「怡富遊藝之夜」的會場佈置出自裝置藝術家徐秀美的巧思

求。幸運,真的就在一瞬間來臨!

只為卡地亞的貴賓開一天的Divan Lounge

卡地亞「Divan」系列是一只充滿設計感、結合現代與古典風格的錶款,為了開發年輕的雅痞消費群,法國卡地亞於全世界陸續舉辦大型的發表活動,除了將「Divan」系列的面貌呈現於世人眼前之外,更將歐洲正盛行的「沙發文化」吹向全世界。「Divan」是法文雙人沙發的意思,是Lounge酒吧中不可或缺的主角。而Lounge在動詞有「懶洋洋地倚靠著」的意思,Lounge Music「沙發音樂」則是現代人對耳朵及身體友善的釋放,也是對閒適、悠哉、放鬆的渴求。因此卡地亞在台灣為了讓所有參與盛會的貴賓都能感受「Divan」系列所欲表達的精神文化,卡地亞以史無前例的模式;裝潢一個全新的Cartier Divan Lounge只為台灣貴賓開幕一天為話題,開始籌備盛大的發表會活動同時也著手替豪宅樣品屋改頭換面。

派對當天,所有名人或賓客一抵達會場便由兩位帥氣有禮、金髮藍眼的「Cartier Boy」,身著法國卡地亞特製的制服的為賓客開啓車門及入口大門,接著由接待人員引導至拍照區供媒體拍照或是由工作人員為其拍攝拍立得照片供賓客留念。就在這片拍照牆後,隱藏在紅色絲絨布幔後的兩隻帶著DIVAN腕表的手悄悄地從布幔中伸出,環繞住拍照的賓客,此舉莫不引起賓客們的驚聲尖叫,卻也倍覺有趣好玩

場佈方面,一開始我們就計劃一定要讓來賓從踏上會場的那一刻起,就開始體驗一場

卡地亞「DIVAN」Party與蒞臨的來賓大玩「手」的遊戲

Divan的奇妙之旅。由於活動開始時間已經入夜，周邊環境光源又不足，所以在場地外觀上，明亮、醒目便是我們強調的重點。想要增加亮度最直接的方法就是補充現場燈光，但搭燈架不僅費時花錢、鋼架本身與環境也不相襯，更重要的，這樣一點都不特別。所以我們就從火炬一路開始發想，最後想到了著名的火舞表演，那種揮舞著熊熊焰光、慢中帶勁、柔中有剛的獨特舞步與音樂，絕對是歡迎貴賓最好的畫面。所謂的Lounge bar，音樂當然是最重要的靈魂也是營造氣氛的關鍵，為此我們重金邀請到著名DJ負責全場音樂氣氛的掌控。另外會場內的視覺突破則是每三十分鐘轉換一次的色彩光影，這個靈感來自於「Divan」三大系列腕錶：不鏽鋼系列、黃K金系列以及鑲鑽系列，不斷的輪替呈現冷藍、耀眼黃及鑽石白三種色調。此一設計不僅讓與會來賓覺得別出心裁，更在不知不覺間記住了「Divan」的三個系列。

餐點方面則特別請來精於法式料理並擁有法國藍帶廚師認證的名廚負責此次活動的餐飲部分，其高超的西點手藝不但分別就藍、黃、白三種色調，設計出十數種好看又好吃的Canapé小點心，更調配出這三種顏色的氣泡飲料，其精緻用心的程度，讓每樣點心都美得彷彿藝術品一般，令人嘖嘖稱奇，成為活動中的另一個主角。為了增加派對的豐富性，由希臘籍的藍寧仕博士在會場中安靜的角落，為有緣的來賓訴說生命數字的秘密，我們稱它為「Divan時光的密語解碼」，當下吸引了許多貴賓駐足久留。另外一些對於商品有興趣的貴賓，則引導他們於商品陳列區，交由銷售人員仔細介紹商品的種種細節，甚至提供隱密舒適的小型交易室。

卡地亞「DIVAN」Party熱情的迎賓火舞

一向作風低調的卡地亞，多年來基於保護貴賓及總公司策略的緣故，鮮少藉由名人出席代言方式增加曝光機會，然而這次活動由於產品屬性年輕化、所要傳遞給消費者的訊息是流行、時尚、名牌不見得非常昂貴，因此藉由某些名人或時尚意見領袖的出席，吸引同屬性的年輕消費者認同。但是對於這些名人的選擇必須非常謹慎，因為一旦他們的臉孔出現在媒體上，觀眾會很自然地把他們的形象和卡地亞劃上等號，所以針對名人的邀請名單在「精挑細琢」的最高指導原則之下，我們揀選了500位名單成為本次活動的座上嘉賓，預計至少出席200人以上。邀請的對象涵蓋各領域，包括來自藝術界、演藝界、企業界、時尚界等菁英人士。另外，還特別邀請了來自旅居台灣的外國朋友們，讓現場充滿法式風情。

　　這一場派對出乎意料地從晚間八點一直延燒到午夜，受歡迎的程度遠超乎我們原先的預期，甚至到了最後工作人員開始撤場，仍然有意猶未盡的賓客坐在現場喝酒、聊天、享受我們免費提供的雪茄，直到我們工作人員即將離開時賓客才依依不捨的散去。

卡地亞「DIVAN」Party中模特兒展示最新款DIVAN手錶

馬場賭馬、騎馬

共享愛馬仕歡樂時光

　　享有百多年歷史的愛馬仕集團繼精品部門於台灣成立分公司後，愛馬仕鐘錶部門也跟進在台灣成立分公司，對於剛剛成立的愛馬仕鐘錶分公司來說，經銷商是在台灣唯一鋪貨的通路，因此獲得經銷商的支持是舉辦這次發表會除了媒體宣傳造勢之外另一個最重要的目的。於是，如何創造一個別出心裁的活動，讓經銷商領略愛馬仕鐘錶的氣度風範與法式幽默精神，同時又能渡過一個輕鬆愉快並永難忘懷的午後，我們的創意思路就由此而生。

　　場地選擇位於桃園大溪的格蘭地馬術中心，雖然有違場地尋找原則的交通便利一項，但是馬場俱樂部內悠閒舒適的環境及可充分利用的室內及戶外空間，加上馬場行政人員及馬術教練們的全力配合，讓這個場地雀屏中選。

　　活動當天下午一點，兩輛大型遊覽車載著愛馬仕所有的媒體及貴賓準時抵達馬術俱樂部，每位賓客在花

從活動開始到結束，每一個環節設計都考驗精品公關人員的執行力

騎馬、賭馬、馬術表演，愛馬仕的活動總令人驚奇

天使的迎接下，皆獲得一本「共享愛馬仕時光導覽手冊」，可愛小巧的夾套裡有展現愛馬仕小幽默的漫畫、馬術中心的地圖、活動流程、賭馬的選單等，真的像是到了迪士尼樂園一樣！

餐桌上的擺飾與桌花設計都是經過細心規劃

由於時值中午，首先就讓賓客們在充滿陽光的露台上享用歐式自助午餐，同時還可邊用餐邊欣賞正統馬術表演以及馬術障礙跳躍表演，聆聽教練解說馬場馬術相關常識；接著引導賓客移入室內欣賞最新錶款走秀。此時位於賓客背後的大型落地窗後正有五位騎師與五匹訓練精湛的馬匹一字排開，等著向所有賓客致意。終於令大家眾所期待的賭馬時刻來臨，五匹參加障礙賽的馬匹被標上紅、黃、綠、藍、咖啡五種色卡，來賓依據馬匹

愛馬仕在活動的每一個細節上總透露著法國人優雅又幽默的特質

的外型、神色、健康狀況、試跳分數及騎師技術等標準進行賭注，之後將選單投入與馬匹色卡相同顏色的抽獎箱中，完成下注動作。當正式比賽哨音一響，馬兒拔腿開跑，來賓也隨著自己下注的馬匹表現好壞而又跳又叫，賭馬真是個刺激的活動，難怪全球有數以百萬計的迷哥迷姐為之瘋狂，最後主辦單位愛馬仕慷慨的提供3只名錶作為幸運者的獎品。

　　為了讓大家放鬆一下緊張的氣氛，親身享受騎馬的樂趣，接下來的自由活動時間，賓客可自行選擇欣賞陳列之錶款或是參觀馬廄、享受騎乘成馬或迷你馬的樂趣、搭乘華麗的馬車遊園，學習歐洲貴族們的午後優雅活動附庸風雅一番，或只是悠閒享用咖啡欣賞別人的馬上英姿。若玩得不過癮可再與歐洲國王、王妃造型的人型立牌一起拍張趣味照片，我們特別安排在每一區都有工作人員服務並為賓客拍攝拍立得照片供留念回味！

　　愛馬仕台灣鐘錶分公司開幕活動至今仍然是鐘錶經銷商與媒體記者們津津樂道的難忘記憶，所有人都記得愛馬仕的LOGO、所有人都記得愛馬仕是以製作馬具起家的，更重要的是，所有人都記得愛馬仕是一個用心將一切做到最好的百年品牌。

EJ公關日記

醇酒、音樂、雪茄都比不上寒夜裡的一鍋麻辣鴛鴦鍋

場地的選擇是所有流行精品公關人員的夢魘，因為在這個凡事求創新的產業裡，誰也不想用別人用過的場地，即使勉強要用，也一定要在現場佈置上力求突破，任何一點點「抄襲」的意味都有失品牌的顏面與驕傲，對於鮮少舉辦類似活動的卡地亞來說更是如此。此次DIVAN Party的場地取得真可說是老天幫忙，因為整個活動除了晚上的派對之外，其實當天中午就有一場經銷商的頂級餐會，緊接著下午又一場記者會。幸好這個豪宅樣品屋有一個隱密且佈置相當豪華雅致的會客廳，稍稍改變一下，放上西式餐桌加上法國藍帶主廚的親自操刀，一場規模24個人的頂級法式餐宴才能順利圓滿完成同時也不影響記者會的進行。

從早到晚，一天的活動結束時已近午夜一點，所有工作人員與客戶都已經累斃了，不過即便天再怎麼冷，夜再怎麼黑，一群人依然不畏寒冷，身著派對小禮服直奔麻辣鍋店，對於一晚忙進忙出幾乎沒吃東西的我們，在凌晨兩點這一刻，看著麻辣鍋上熱騰騰的白煙是多麼的溫暖又幸福啊！

全省走透透找馬場

　　愛馬仕這次活動，記得在選擇活動場地時，為了符合愛馬仕的優雅氣質，我們希望馬場的建築要有歐洲風格，馬場主人要能詮釋真正的馬術精神，當然是魚與熊掌不可兼得。畢竟台灣騎馬運動的人口不及歐洲普遍，經營者不敢有太大的投資，所以較難有氣派且精緻的馬場，為了尋找合適的場地，全省的馬場幾乎都踏遍了，辛苦但是收穫可不小。

　　談到愛馬仕這場活動，讓我回想當時公司工作量大到糾結在一團的情況。活動前後短短10天裡，我們同時還有「南投集集車站921週年紀念」、「Calvin Klein彩妝上市」、「浤灃洋酒新酒上市」等大活動，公司忙得人仰馬翻，辦公室幾乎成了燈火通明的7-11，所有人面對龐大的工作量，真巴不得立刻生出8隻手、3個腦袋和5張嘴。在那種情況下，要如何利用時間、亂中有序、怎麼樣面面俱到將「公關人」的特質發揮到極限，真是對全公司的一大考驗！對品牌來說，一年平均舉辦三、四次大活動就很多了，但對於公關公司來說，一個月沒有接三、四個活動是很難生存的，所以「公關人」的素質、熱忱與抗壓性變得益加重要。經過那一段如魔鬼訓練般的磨練，我們常驕傲地說：「待過公關公司，就沒有待不下去的地方了！」公關人員的能耐，可想而知！

chapter 4

不可能的任務
Mission Impossible

員的創意、超越執行的難度極限與培養危機應變能
力，並藉由一次次的公關活動向自我挑戰，透過團
隊的支援、合作達成客戶交付的「不可能任務」。自公司成立
以來，每一次公關活動都當作獨一無二的個案處理，幾年下來
也樹立了好口碑與評價，但是好口碑與評價卻是無數辛苦的挑戰
與付出所換來的。

驚爆30天
TIFFANY蒂芙尼台中店開幕

　　相信絕大多數的女性讀者都曾經駐足在蒂芙尼窗明几淨的專櫃前，望著店內
舒適的氣氛以及一件件優雅精緻的作品，心想：如果我也擁有一件TIFFANY的精品
該有多好！在一個陽光普照的五月午后，經過一番比稿競爭之後，我們終於贏得了承
辦「TIFFANY蒂芙尼台中店開幕活動」的機會。但是提案雖然成功了，卻代表提案內容中每
一項難關都必須克服達成，而這將是一場「不可能的任務」。

　　我們首先要面對的挑戰是時間非常緊迫。通常舉辦這種精緻的大型活動，最充裕的時間
大約需要45個工作天，但是這次只剩下不到30個工作天。第二個挑戰，就是活動場地遠在
台中廣三SOGO百貨，執行上的可變因素比在台北更難以掌握。而除了前兩項挑戰之外，真
正讓我們膽戰心驚的正是我們提案獲得青睞的致勝關鍵──邀請台中市長胡志強先生出席

剪綵並且說服市長夫人邵曉玲女士擔任走秀嘉賓！這真的是再棒不過的點子，然而在提案成功後，面對重重難關與未知，也只有全力以赴了！

關鍵報告 邀請市長出席的「不可能任務」

在蒂芙尼台中店開幕的活動規劃上，我們以「高雅華麗 甜美歡樂」作為蒂芙尼台中店開幕活動主軸，想邀請台中市長胡志強先生出席剪綵並邀請夫人邵曉玲女士擔任珠寶走秀嘉賓，主要基於，第一，胡市長伉儷曾在美國求學並於當地工作過相當長一段時間，相信對蒂芙尼已有幾分親切與認同感。第二，胡市長伉儷鶼鰈情深、自然親切的形象廣受媒體喜愛。第三，蒂芙尼以國際頂級品牌之姿，歷經多年評估終於決定在台中開設專賣店，身為台中市大家長，親臨表達歡迎之意也是合情合理的考量。緊接著我們就提出一份邀請函兼企劃報告書，每個遣詞用字都經過細心推敲，唯恐出現一個不恰當的字眼或文意遭受市長拒絕。幸而市府方面收到信件後的回覆是：市長出席意願非常高，但因公務繁忙加上隔天又剛巧是端午節，行程緊湊，出席與否尚無法給予100%肯定答覆。就這樣提著一顆懸在半空的心，我們依照原定計畫假設市長依約出席，來進行所有前置作業。

其實，除了市長及市長夫人出席首肯的難題之外，開幕記者會上還設計12位小天使來迎賓。為了尋找12位小天使，工作人員造訪了台中數家大型幼稚園及托兒所，最後終於順利找到12位可愛甜美且身高差不多的小女孩，在經過各自家長的同意後，記者會當天我們租下廣三SOGO對面的晶華酒店房間權充休息室。試想12位小朋友加上24位

家長還有8位身材高挑的模特兒，4位化妝髮型師及4位工作人員，現場的混亂可想而知！

另外，媒體方面除了邀請台中當地的記者出席外，還有來自台北的時尚雜誌編輯，為了好好招待遠道而來的台北媒體，工作人員兵分三路，第一組在台北負責押車南下台中，第二組負責掌控台中現場佈置的進度及活動彩排，第三組則負責接待台北媒體抵達台中後的全部行程。一切準備就緒只欠東風，媒體因聽聞市長的出席蜂擁而至，市長夫人也著裝妝扮妥當，但僅是口頭答應出席的市長能否依約準時抵達？終於我看見市長的座車緩緩停靠在台中廣三SOGO百貨的大門前，看見市長走下車，一顆懸在半空中30天的心終於放下，阿彌陀佛，又達成了一個「不可能的任務」！

活動前30小時的危機處理

蒂芙尼台中店開幕活動在硬體執行的過程也是充滿驚奇、險象環生！

為了吸引台中市民的目光讓大家都知道蒂芙尼新店開幕的訊息，我們設計在台中廣三SOGO氣勢磅礴的大門左右兩側石柱，以蒂芙尼特有的藍色印上蒂芙尼的LOGO完全包覆足足有三層樓高的門柱，另外還用象徵歡樂喜慶的白色、粉紅色汽球做裝飾，相信只要路過的行人一定能立刻感受到蒂芙尼遠從美國捎來送給台中市民的祝福！同時在百貨公司前廣場上，還製作一個超大型繫上白色蝴蝶結的蒂芙尼藍色包裝盒，成為當地最明顯的地標，在開幕活動期間提醒每天往來的過客：「蒂芙尼來囉！」。

但是台中廣三SOGO百貨兩根巨大的門柱是光溜溜的大理石材質，既不能釘、也不能黏，

推開Blue Box一窺Tiffany的經典世界，是新店開幕的傳統儀式之一

唯有SOGO指定配合的一家大圖輸出廠商有辦法出動堆高機將10公尺長的輸出圖案固定在石柱上，但是他們只負責圖像輸出，並不能支援氣球施工的技術。這有一點麻煩，不過沒關係，我們就另外尋找供應汽球的廠商！哪知道，由於技術上的限制，全台中市竟然沒有一家廠商願意配合。眼見進場時間一天天逼近，而我們卻連廠商在哪裡都還沒有著落，最後只好求助於台北的設計師。在台北設計師的監控下，技術處理上總算一切塵埃落定，進場的時間也定於活動前一天清晨，但是屋漏偏逢連夜雨，最令人意想不到的事情卻發生了！

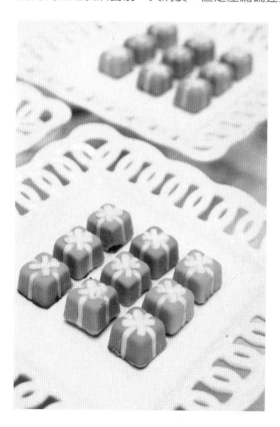

台中的輸出廠商拿來準備包覆在門柱上的大圖顏色居然是錯的！那不藍不綠的顏色，令人驚訝地開不了口，廠商看到我們臉色一陣青、一陣白，大概也猜到了七八分，居然若無其事地說：「阿又沒有差很多……輸出都是這樣啦，會有色差呀！」廠商對於品質認知的差異，真是令人難以想像！眼見距離活動時間只剩短短的30小時，汽球也因為這張包柱底圖尚未完成而無法施工，所有的工程都要延到不能再延了！當下再也顧不得修養與禮貌，只能恐嚇加哀求廠商，一定要在活動當天的清晨六點以前重新出圖，否則一毛錢也收不到！就這樣，我們幾乎是一夜無眠睜眼到

苦苦期盼下，終於順利邀得台中市長胡志強伉儷一同出席Tiffany台中店開幕酒會

天亮，等待、祈求面對第二天的好結果。終於，隔天清晨的台中大街上，屬於蒂芙尼幸福的藍色總算分毫不差地出現在眼前，而一圈白色、一圈粉紅色交錯的汽球也在堆高機起起降降多次後完工；同一時間三公尺高的蒂芙尼藍色盒子也在廣場前巍巍豎立起來，映照著台中市清朗的藍天白雲，相襯之下真的好美。想像著數小時過後，遠道而來的貴賓將被這一切震慄時，連日來的辛苦與疲累就不算什麼了！

為期一年的長期奮戰
萬寶龍藝術贊助大賞

　　歐洲書寫工藝第一品牌萬寶龍，自1925年開始即大力贊助許多藝術家、作家及畫家。1987年萬寶龍因在英國推廣藝術活動，獲英國查爾斯王子親自頒發「Association for Business Sponsorship of the Art」大獎。1991年萬寶龍成立了「MontBlanc de la Culture」國際藝術贊助大獎，以表揚對贊助、推廣藝術文化有傑出貢獻的藝術贊助人，並捐贈15,000歐元的獎金贊助每一位得獎者所推動的計劃。自1992年迄今國際藝術大獎已在十個國家或地區頒獎，台灣地區則爭取到公元2000年第十一個藝術大獎頒獎典禮的地區，評

萬寶龍藝術贊助大賞由英國公爵及其家人陪同來台頒發　　　　得獎者陳錦煌醫師接受好友導演侯孝賢的親臨祝賀

審結果頒給嘉義新港的小鎮醫生同時也是新港文教基金會董事長陳錦煌先生，肯定他對推廣文化藝術工作的付出。

這個案子與一般的精品公關案不太一樣，籌備期長達一整年，從提名台灣區評審代表名單及候選人名單並準備詳盡的個人中英文相關資料送交歐洲總部的基金會審核，終於在下半年基金會確認評審及候選人名單及資格。台灣區的三位評審分別為：雲門舞集藝術總監林懷民先生、前國家文藝基金會執行長洪簡靜惠女士及前台北市立交響樂團團長陳秋盛先生，他們三位將代表台灣與全球其他十個國家或地區的三十位評審根據基金會統一寄出的候選人個人資料，圈選出全球十一位對藝術文化推廣極具貢獻的藝術贊助人。為了保持公正原則，萬寶龍台灣分公司秉持中立原則完全不涉入評審作業的相關細節與流程，以示公允。

小鎮醫生國際獲獎　與有榮焉

整個頒獎前置作業在確定評審人選後正式展開，公關公司遵循活動Guideline的規定，場地必須是博物館或美術館，而活動形式流程、邀請出席貴賓名單的擬定都必須與基金會聯

位於台北仁愛路上的鴻禧美術館會場

絡確定。另外遠自英國抵台頒獎的公爵一家人的特別通關禮遇申請、公爵抵台參觀行程及隨行翻譯人員的安排都要面面俱到、巨細靡遺，甚至對於公爵、公爵夫人及其千金在飲食上的好惡也要一一確認。尋找場地時，總算讓我們克服萬難找到檔期、意願及地點皆能配合的鴻禧美術館合作。座落於台北仁愛路的鴻禧美術館，恰巧該館館長正是英國已故王妃黛安娜的貴族娘家史賓塞家族成員！人不親土親，更何況英國籍館長與英國公爵還有一點姻親關係，讓我們對於接待英國公爵又加添了一些信心。

頒獎典禮當天冠蓋雲集，除了媒體記者外還包括藝文界、教育界及政界等重要人士，包括司法院副院長城仲模先生及當時為陽明大學校長的曾志朗教授均親臨致詞；中研院院長李遠哲先生則致電恭賀；另外還有藝術界友人侯孝賢先生等多人蒞臨觀禮祝賀。小鎮醫生陳錦煌先生從英國公爵手中接過獎座及獎金，整個典禮簡單、隆重、優雅，有別於一般精品品牌辦記者會時的花俏表現。典禮過後則由鴻禧美術館館長史賓塞先生一一為公爵介紹館內收藏。另外，於鴻禧美術館館內私人宴會廳所設的午宴上，從菜色的挑選、入席的賓客名單推敲到座次的安排，都是事前與萬寶龍台灣分公司及國外總部詳細溝通後的結果。

長達一年的活動終於告一段落，這個案子的執行時間雖長，但是整個評選過程在公正與保密原則下，獲得評審團及候選人的支持與信任，是我們最大的鼓勵。一年來的跌跌撞撞，卻也磨練累積出堅強的實力。記得頒獎典禮前夕凌晨3點，公司燈火依舊通明，客戶與我們一起熬夜工作，客戶在電話那一端與我們核對致詞稿及新聞稿內容，電話線這一端則有一群熊貓眼女工趕工綁著典禮節目單上所搭配的黑色緞帶流蘇及媒體Press kit。隔日上

午又精神抖擻與客戶並肩執行記者會的所有流程，雖然大家都累了，但是完成「不可能的任務」卻是我們堅持的信念與挑戰，從接下來幾次萬寶龍舉辦的大型評選活動中，我看到這群娘子軍們艱苦的磨練成果，已能審慎操作，交出漂亮的成績。

台灣模式全球依循　萬寶龍成功企業女性大賞

　　一向以男性為主要市場的萬寶龍這幾年將市場擴及到女性族群，在產品部門與行銷部門的通力研究下，開發出符合企業女性需求的商品，推出全新「Ladies Bag」仕女公事包系列，以創新的概念與精緻的工藝進攻職場女性菁英市場。經過詳細的目標消費族群的調查與反覆的討論後，針對「Ladies Bag」系列的上市活動，排除精品行銷慣用的手法，決定藉由意見領袖的影響力，打造「萬寶龍是成功企業女性的最佳選擇」的概念。意見領袖的人選不由客戶指定而是藉由票選的方式產生，使其更具客觀說服價值。於是萬寶龍「六角白星的榮耀─萬寶龍成功企業女性大賞」選拔搭配新商品上市造勢活動如火如荼展開。

第一屆成功企業女性大賞頒獎會邀請藝文名人解瑄、陳冠宇、林萃芬、劉軒、陳湘琪、李立群走秀表演

萬寶龍第一屆成功企業女性大賞評審——編舞家羅曼菲

公平、公正、誠信與保密原則的考驗

　　由於這是萬寶龍台灣地區第一次主導的公開選拔活動，選拔過程從提名、邀請到公佈獲獎名單、頒獎典禮等等，都必須非常謹慎嚴密，才能獲得參賽者、得獎者、評審以及社會大眾的信任，選拔賽的結果才更具意義與價值。整個選拔活動由召集評審團開始，評審團的成員為各個專業領域中表現傑出且本身對於生活態度及人生品味有獨到見解的新時代女性菁英，從不同面向全方位定義所謂的「成功企業女性」，由女性的角度觀察候選人在社會的壓力與阻礙下，如何突破桎梏、運用智慧開創新局的能力。評審團成員囊括了商界、藝術界、文化界、時尚界、傳播界、金融界的專業人士，包括：聲樂家范宇文、作家曹又方、舞蹈家羅曼菲、舞蹈空間舞團團長平珩、畫家陳香吟、政大教授李紀珠等十一位學者專家。邀請評審團的工作冗長而艱辛，為了取得這些社會菁英的信任，萬寶龍台灣區總經理葉美英女士與行銷總監王穎琪女士幾乎個個親自登門拜訪，展現最高的誠意並親自說明完整的計劃內容。

在完成十一位重量級評審的邀請之後，接下來是候選人提名與邀請參賽的作業。在邀請的過程中我們遭遇到預料中的困難。首先是候選人對於這個選拔賽公正性的疑慮，其次便是若未獲選將有損顏面的顧慮。由於危機狀況已於事前預見，因此我們詳細向候選者說明該活動的宗旨與選拔方式，並且提供評審團名單供其參考，候選人看過縝密的選拔流程與堅強的評審陣容後，漸漸減輕心中疑惑；同時，基於保護候選人的立場，萬寶龍承諾除了唯一得獎人之外，其餘候選人的資料絕不可對外公開，經過反覆解釋、說明與承諾，我們終於獲得五位候選人的首肯參與「萬寶龍成功企業女性大賞」選拔活動。

評審團與候選人都敲定之後，舉辦活動開跑記者會，公布活動辦法，徵信於大眾。記者會現場由會計師以密封信函將候選人名單與圈選卡分別交給評審，在為期兩週的圈選過程中，每位評審可圈選二位，由評審團根據自身的專業考量圈選出心目中的適當人選並將結果匯集公證之會計師事務所進行統計，並於頒獎典禮前一天下午產生獲獎者並通知獲獎者。

頒獎典禮當天由主辦單位、評審代表、會計師、媒體共同出席，由會計師正式公佈獲獎人名單。第一屆「萬寶龍成功企業女性大賞」得主由趨勢科技集團創辦人暨

萬寶龍第一屆成功企業女性大賞評審──畫家陳香吟

萬寶龍第一屆成功企業女性大賞得主──趨勢科技集團創辦人
陳怡蓁

全球行銷總監陳怡蓁女士獲得！陳怡蓁與夫婿張明正共同創辦趨勢科技，1990年率先推出PC-cillin病毒免疫系統，以十多種語文版本行銷全世界，打開趨勢科技的知名度。十一年後他們使趨勢科技成為全球前三大防毒軟體公司，並讓股票在美國那斯達克及日本上櫃。很多人說，如果沒有張明正，台灣不會有趨勢科技；但是，趨勢科技如果沒有陳怡蓁，這個防毒軟體界的巨人可能就無法擁有今天國際級的成就。現在的陳怡蓁不但是全球軟體業頂尖的行銷大師，更是女性的成功典範！

　　除了大賞選拔賽之外，我們也不忘新商品的公關宣傳任務。由於此次大賞議題頗具話題性，值得深度報導，評審團及得獎者也有不少是媒體有興趣採訪的重要人物，由她們眼中定義成功企業女性的特質，包含工作觀、人生觀、生活

態度及對周遭環境的重視與關懷。而每篇新聞露出都是以特別報導的方式，將時代新女性典範結合專為這群女性設計的Ladies Bag新商品，重新闡述新時代、新女性之新註解，引導出萬寶龍的品牌理念與商品精神。

緊接著在第二年的第二屆「成功企業女性大賞」中更將評審團成員加入男性，試圖從男性的角度看待成功企業女性的定義，評審邀請對象包括：前生活工場創辦人鄧學中先生、廣告界名人蘇雄先生、美商甲骨文股份有限公司李紹唐先生、蔣勳老師等，最後從多位男性評審眼中選出的最佳成功企業女性代表，包括三位：訊連科技總經理張華禎女士、亞歷山大集團董事長唐雅君小姐及前怡富資產管理董事長宋文琪女士。

有了萬寶龍第一屆「成功企業女性大賞」的成功經驗，在操作第二屆大賞選拔活動時，不僅邀請評審及參選者的過程較易取得對方的信任，同時秉持在評審過程中的公正、公平與保密原則更獲得所有評審及參選者的信賴，更為客戶與評審及獲獎者建立了良好的互動情誼。

萬寶龍第一屆成功企業女性大賞評審之一，聲樂家范宇文

萬寶龍第一屆成功企業女性大賞評審之一，作家曹又方

EJ公關日記

　　在執行第一屆與第二屆「萬寶龍成功企業女性大賞」選拔活動期間，最大的心理壓力之一來自於對候選人資料的絕對保密。由於所有的候選人都是當今企業界重量級人物，對於他們的身分與他們的言論無論如何都有保密的必要，不單是候選人名單不得外漏，最後的評分結果更需保密。在這期間當然有許多好奇的媒體希望可以早一步獲得獨家消息，但是從客戶到相關工作人員皆嚴格執行噤聲令，同時從選拔到結果公布這段期間，所有相關的傳真、信函、書面資料、電子郵件等等，都統一由專案經理嚴密保管，廢紙回收也格外小心，務必做到滴水不漏的保密任務。

　　其實還有許多「不可能的任務」尚未提及，但無論是多麼困難的挑戰，只要用心去做，堅守誠信原則，累積寶貴經驗，相信專業公關人員的口碑與價值是無可取代的。

chapter 5

快樂氣質加分廠

Happy Lady Factory Workers

如果你曾見過工廠作業員的工作畫面，那麼對於這一章節所提的內容就比較容易在腦中構築起場景畫面。既然我們服務的對象是頂級精品，那麼每一次的公關活動所呈現的就是該品牌的精神與堅持，每一步驟、每一細節都不能馬虎。前面幾個章節都已陸續提到精品公關活動籌備期間對尋找場地、節目內容、媒體規劃、嘉賓邀請等等……戰戰兢兢的規劃與執行過程，現在我們就來談談活動即將舉行的前一周或前三天、甚至是前一天晚上的公關人員在做什麼？

當活動硬體及軟體內容一切大致安排就緒，接下來就是撰寫新聞稿、產品稿、致詞稿及規劃活動當天Rundown（活動流程）、活動當天Checklist（人力安排）、製作新聞資料袋Press Kit、包裝媒體禮物等等。

快樂女工廠的工作內容包羅萬象，例如媒體禮物的尋找、包裝及新聞資料袋內容的準備等，這些工作都是暫時可以以離開座位、離開接不完的客戶電話，甚至為了找禮物可以在上班時間穿梭大街小巷，讓忙碌的腦袋與身體暫時放下，回補一下過勞的身心。由於活動前最後的準備事項因個案的繁複度略

時尚活動從邀卡、節目單、資料袋、謝卡等的設計，總是創意與貼心到令人讚嘆

有不同，但大部分都是屬於手工性質的工作，例如邀請卡的封套黏貼、賓客的姓名、地址撰寫、媒體禮物包裝、產品照片說明標籤製作、黏貼，到新聞資料裝訂等等，每一項作業都必須嚴謹無瑕，且方向、順序、位置都必須統一、端正，也因此女工的作業較不假手一般的工讀生。通常每

個公關人員手上都各自有服務的客戶，但是遇到活動前夕或是活動當天，幾乎是全公司全員出動，齊心協力將活動圓滿完成，而且加入快樂女工廠作業也變成同事間唯一可以不使用太多大腦的工作，甚至更是聊八卦或是創意發想的快樂時光。

創意媒體禮物 考驗公關人的巧手與巧思

由於每次精品品牌辦發表會或記者會，都要為該送媒體的禮物傷腦筋，到底送什麼才能贏得媒體記者歡心？雖說禮物只不過是代表品牌的一點心意，對於媒體報導的篇幅應該不致有太大的影響，但是套句中國人的俗話：「禮多人不怪！」一份貼心的禮物不僅可以讓媒體對品牌留下較深刻印象，同時也是品牌負責人與媒體記者熟稔的好幫手。在禮物的準備上，由於精品產品的單價較高，不似一般消費性產品可以送剛

上市的新產品供媒體試用，所以在挑選精品線記者的禮物時常就煞費苦心，如果是國外總部統一負責，全球媒體都是送同樣禮物那就簡單多了，麻煩的是由台灣地區自己發想、推薦的禮物，還要經國外總部確認許可才行。通常這類型禮物特別要具備質感且符合品牌精神；大方漂亮不失品牌地位，另外，最重要的就是要控制在預算之內。當禮物確定後其實只完成了一半，其所需要的包裝盒、包裝紙、包裝緞帶的款式甚至裝禮物的手提袋及包裝方式等都要與客戶一一確定後，才得以進行包裝工作，而這之前的蒐集作業，可是公關人員跑遍後火車站、包裝禮品公司後所得到的成果。

另外，為了在最短的時間內找到最佳樣本提供客戶參考，公關人員對品牌的了解及對美感的敏銳度都必須兼具才能達到事半功倍的效率。

芝柏錶歌劇系列發表會
宛如置身歌劇院場景中

擁有213年頂級製錶工藝歷史的瑞士芝柏錶廠總是不斷向製錶工藝的難度極限挑戰，當原廠於1999年首度將屢次獲得國際大獎的三金橋陀飛輪與能敲出宛如天籟音般的四鎚音「mi.do.re.sol」問錶功能置入

透過歌劇大師普契尼筆下的托斯卡與蝴蝶夫人的詮釋，芝柏錶歌劇系列發表會宛如走入時光隧道

繁複微妙的機芯設計中，誕生了眾所矚目的「歌劇1號」；2001年更進一步在三金橋陀飛輪與問錶功能外，加入萬年曆的複雜技術，創造出完美的「歌劇2號」。此兩款頂級收藏家的珍愛腕錶，從推出至今，未曾在同一國家、同一場合中同時現身，由於台灣芝柏錶總代理公司的努力，才得以讓國內收藏家引頸企盼的歌劇系列1號、2號同時蒞臨台灣。

由於這兩只頂級收藏問錶清脆響亮的四槌音報時功能是最重要的特色，在鐘錶界可說是無人能出其右，相對的就必須在歌劇界中找出無人能出其右的偉大鉅作相襯。

我們請教堪稱國寶級歌劇大師曾道雄教授後，敲定由義大利歌劇大師普契尼的三大重要作品貫穿全場。既然發表會的靈魂圍繞著歌劇，場地的規劃上便刻意營造一種劇場的氛圍，讓蒞臨貴賓們有如置身於歌劇院的情境中。

在舖著酒紅色地毯的GP Gallery區，輕啜香檳、細細品味瑞士芝柏錶廠的輝煌歷史歲月；進入表演廳後，左右兩側的大型投影銀幕正上映著瑞士芝柏錶廠技師們無可比擬的製錶技術。接著，在天籟般的四槌音「mi,do,re,sol」報時聲響起後，所有賓客從聽覺與視

覺上充分感受歌劇大師普契尼曠世鉅作「杜蘭朵公主」的震撼情境。模特兒的造型由著名服裝造型設計師康延齡負責設計。歌劇女主角托斯卡的華麗與蝴蝶夫人全身重達40公斤的頭套與服裝，突破了普契尼歌劇女主角楚楚可憐的印象，充份展現出歌劇系列錶款無與倫比的華麗與尊貴。

天籟之音歌劇系列
送天籟之音千萬大製作歌劇CD

　　為了讓賓客百分百猶如置身歌劇院中的情境，我們特別編印了一份精緻的節目單，內容包括：記者會流程、產品特色介紹、歌劇劇情介紹、詠嘆調中文歌詞等，為了搭配精緻的節目單，以高雅的霧銀色流蘇作為固定封套與內頁的鏈圈。

　　光是為了尋找適合的流蘇，我們幾乎尋遍了台北後火車站一帶，但都沒有找到適合的，最後不得已只好委託廠家依照我們挑選的緞線材料，特別製作150份針對此次活動規格使用的流蘇款式；另外在媒體禮物部分，由於此次的產品非常特別，所挑選的禮物應與產品及品牌相匹配，因此考慮的方向從酒、雪茄、巧克力等等，幾乎從食衣住行各方面都考慮了，終於，最後敲定由EMI發行的「杜蘭朵公主」北京紫禁城演出版本當作媒體禮物，全套CD加上歌劇大師普契尼的介紹及中義文雙語歌詞對照，每一份CD的包裝都是公關人員親自挑選適合GP品牌精神的包裝紙顏色、材質及相稱的緞帶，仔細的裁紙包裝並打上漂亮的蝴蝶結，就希望拿到禮物的人也能感受到GP的用心。

同樣的用心也展現在「智慧與美麗的詠嘆 GP芝柏仕女鑽錶發表會」上，當時邀請出席的活動代言人包括知名藝人張玉嬿小姐、畫家陳香吟小姐及音樂家解瑄小姐。

為了凸顯名人代言與活動的關聯性，特別由陳香吟小姐將其最著名以法蘭西少女為主題的畫作【花開時節】授權製作成美麗的素描本贈送媒體。不論是杜蘭朵公主的原聲CD或是精緻的素描本，在記者會後皆獲得許多媒體朋友的讚賞，不僅切合主題同時也展現芝柏品牌兩百多年的悠久歷史與文化深度。

當女工 可以不用腦但卻要用心

快樂女工廠的另一項固定作業內容就是媒體資料袋內容的準備。記者會上提供給媒體記者的新聞資料袋內容基本上包括：此次活動的新聞通稿，原則上為顧及媒體記者的工作時間緊迫，通常以2頁之內為最佳長度，主題段落應分段標示清楚，以利媒體撰稿時參考；另外就是產品介紹，此份資料可多可少，曾經有過一個品牌的產品介紹

長達五、六十頁，不知道媒體記者到底讀了幾頁！

　　另外就是品牌故事的介紹，這是一篇每次記者會必然出現的資料，除了提供剛跑精品線的媒體記者參考外，一方面也讓客戶可以隨時update最新品牌大事；還有一個絕對不可少的就是產品照片，這一項可以包括：單獨的產品照片或是由模特兒佩戴的情境照片，其規格因數位化的普遍，大都會因應不同的媒體性質提供彩色照片（報紙）或數位光碟（雜誌）。

　　一向要求完美的精品品牌，通常在所有新聞資料確定拷貝之前都會由客戶及公關公司互相進行一校及二校，但是偶爾也會百密一疏，我們就曾經有過在活動當天凌晨才發現產品稿中的設計年份多打了一百年，滿桌子100份已經裝訂好的新聞稿及光碟片在僅剩的幾個小時內，需重新拆換、重新影印裝訂及重新拷貝光碟，真的就像日劇〈名牌愛情〉中邀請函日期印錯連夜趕工修正的情景。

Tiffany的白色蝴蝶結

　　有時因為需加工包裝的禮物數量過多，連客戶都一起投入女工行列，這種同舟共濟的精神，在蒂芙尼台灣區總經理Rita身上表露無疑。為了台中店開幕活動，連著2個星期她幾乎每天都陪著所有工作人員一起加班，從她愉快爽朗的笑聲裡，相信絕對沒有任何人看得出她的疲累，甚至有時候大家士氣低落，她還會帶頭搞笑，逗大家開心。

　　尤其令人印象深刻的是她教大家打蝴蝶結的那一天，超過2000封的邀請函必須每一封都用白色緞帶打上蒂芙尼式的蝴蝶結，6、7個女工七手八腳地動起來，只可惜打出來的蝴蝶結怎麼看都不對勁。這時Rita走進來，笑著看看大家歪七扭八的成品，說到：「學會打蝴蝶結是進入蒂芙尼的第一關，每一只蝴蝶結都像要飛起來才行！」果然在她的巧手之下，一只只白色的蝴蝶翩翩飛起。那個晚上，她就這麼坐了好幾個鐘頭，陪大家把所有的蝴蝶結都打完，一邊打還一邊哼著小調，笑著欣賞自己的作品。

　　她說：「每一位接到邀請卡的人都是蒂芙尼最重要的朋友，我只想著要讓他們看見美麗的蝴蝶結，就忘記累了！」相信這也應該是每位服務於精品公關界人員所應具備的工作態度與工作熱忱。

EJ公關日記

　　根據就業市場調查，時下許多六年級後段班或是七年級生嚮往進入的行業是公關業。或許是光鮮亮麗的外表替公關業穿上了彩色的外衣，但是實際瞭解後你將發現原來不是這麼一回事！一個出色的公關人員除了專業能力要具備，待人處世方面要懷著一份謙虛學習的心外，對工作的熱忱更是重要的動力來源。我們公司曾有一位新進員工在試用期間因一次熬夜加班趕企劃案的隔天早晨，跟我提出辭呈，說自己不適合這份工作；另外一位是工作不到一星期，就忍受不了工作上的繁瑣與壓力而離職；甚至還有人覺得自己怎麼能夠做這種女工加工的工作而離職的個案。所以奉勸所有對公關領域充滿期待的朋友們，要先認清自己是否刻苦耐勞、做事細心、喜歡接觸人群、抗壓性高、懂得自我疏壓，同時還能夠適時放下身段，享受當一個臨時女工的樂趣或許比較能輕鬆徜徉於公關的世界。

chapter 6

名人代言絕對是
露出保證？

Is the Sponsorship
from the Famous a Guarantee?

當我們在電視廣告時段看到某知名人士為某品牌產品拍攝廣告片，或是在新聞時段的消費新聞中播出某知名人士為某品牌走秀的消息，雖然都是名人為品牌產品代言，但是其中的分別，可就大大不同，第一種叫做廣告代言，第二種則是純粹的活動代言。廣告代言可包括的範圍極廣，從拍攝平面廣告、電視CF廣告到出席SP活動或是記者會、產品發表會等等，端看客戶與名人協議的合作內容而定，當然酬勞自然也因合作項目而有所不同。而純粹的活動代言，則是針對特定單一的記者會或發表會活動出席，且擔任重要的活動現場代言人並接受媒體採訪拍照，這種形式的代言由於具新聞時效性，同時名人投入的時間僅短短的幾個小時，在檔期安排及出席費用上都較有彈性，如果品牌夠響亮或是活動內容創意夠有趣並能一展名人的長才，那麼酬勞部分折以產品相贈而不領取分文車馬費的阿莎力名人也大有人在。由於廣告代言所牽涉的合作條件較複雜，且大部分客戶都會交由所屬的廣告公司全權處理簽約合作事宜，在此就不多加描述。倒是針對特定公關活動邀請的名人代言，就與公關公司產生密切的關聯。

時尚精品代言名人要具備哪些特質或條件？

在台灣小小的島嶼上，卻能創造出令全球精品業者驚嘆的消費能力，使得許多品牌從代理商的經營模式轉而在台灣設立分公司，可見台灣精品市場的厚實潛力。許多業者為了保持品牌旺盛的活力及凸顯新產品的特色並增加媒體宣傳效果，深信砸重金邀請到特定知名人士或團體出席記者會的公開活動對產品宣傳有相當大的助益。雖然名人代言的最終效果對於銷售業績是否真的是萬靈丹，目前仍無定論，但可確定的是找到適合的名人擔任活動代言人絕對會增加媒體露出的篇幅，例如：增加影劇版的跨線報導，對於評估公關活動效

益的PR Value（媒體效益值）確有加分的效果。那麼一個公關人員到底要如何評估挑選適合的「活動代言名人」， 就考驗公關人員對品牌及客戶喜好的了解程度與平時對時尚或時事新聞的閱讀觀察累積。以下就列舉一些挑選活動代言人的基本考量因素：

第一、 本身知名度高，具媒體吸引力。

第二、 充滿個人風格魅力，具權威專業性，領域包括：娛樂界（中外皆可）、商界、政界、藝文界、專業學者等等。

第三、 形象良好，無不良負面報導。

第四、 穿著打扮有品味，外型特質都能符合品牌及產品形象。

第五、 若屬於半退隱狀態、許久不曾在媒體曝光的藝人巨星，更能掀起媒體話題。

根據上述幾項基本考量，當客戶確定活動形式將以名人代言的方式舉辦時，公關公司應立即就品牌風格、產品特色及目標消費族群的基本習性進行分析，開始列出，並推薦符合的代言人選。

生日快樂

GUESS?20週年派對

一向以作風大膽明快、充滿青春性感的美國服裝品牌GUESS?為例，在超過500位GUESS?賓客蒞臨且幾乎快把會場擠爆的20週年生日派對上，擁有魔鬼身材、天使面孔的活動代言人天心小姐，穿著一襲從美國空運

美國品牌GUESS? 20週年派對邀請性感寶貝天心代言

來台量身訂做的秀服，不僅清楚展現出GUESS?當季設計風格，更烘托出天心小姐的性感與甜美。記得在活動籌備當初，我們詳列了適合人選名單及每位候選人的職業、身高、三圍等背景資料供客戶及美國總公司參考，最後終於在最能夠表現GUESS?青春性感的服裝特色及受到媒體喜愛的兩大考量下，天心小姐脫穎而出成為全球GUESS?20週年生日派對台灣地區的活動代言人。果然不出所料，從媒體暖身運作期到活動當晚，天心效應從平面報紙雜誌的精品消費版及影劇版延燒到電子媒體，大家幾乎都以半版或大篇幅報導的方式介紹天心與GUESS?最新款的丹寧（牛仔布料）性感小禮服，估計此次活動的媒體露出效益（PR Value）超過千萬台幣。

知性與感性
傳達GP芝柏錶的女性印象

　　另一個案例則是擁有瑞士頂級製錶工藝的鐘錶品牌──GP芝柏錶。由於芝柏錶精湛的製錶技術，創造出許多令人嘆服的機械錶款，雖然也有不少女性喜愛他們的中性錶款，但主要目標客層還是鎖定在男性市場。直至2003年，總廠推出以女性為對象的鑽錶系列，此時才正式宣告芝柏女錶進軍女性頂級機械鐘錶市場。因此在這場宣告記者會上，客戶與公關公司達成協議以邀請名人出席代言作為表現方式，邀請的名人必須能展現芝柏百年的內斂氣質、智慧深度與優雅的外型，在所有女性候選名單中最後由畫家陳香吟、豎琴演奏家解瑄，以及演技派玉女演員張玉嬿共同為芝柏女錶代言，三位女性分別透過繪畫、音樂、詩及走秀的方式展現芝柏女性鑽錶系列專業、優雅的形象。在浪漫悠閒的下午茶時間，三位

名人與媒體記者近距離分享她們的專業與對時間的詮釋，同時記者會外，三位名人也接受時尚雜誌的專訪安排。由於三位名人在專業領域各有一片天，行事作風卻相當低調，呼應芝柏的內斂風範，她們的美麗與智慧正是瑞士芝柏錶在未來女性頂級機械錶市場所追求努力的特質。

如何讓出席活動代言名人與產品產生緊密關聯，而非只是花瓶？

一個以活動代言人形式操作的公關活動，如果只是邀請名人出席講話或握握手就結束了，除非是真的國際巨星或當紅藝人，否則我想以目前媒體生態，第一個不買帳的一定是電子媒體。電視新聞報導的特色就是能夠忠實呈現活動現場，

芝柏女性鑽錶活動代言人，左起醫琴家解瑄、藝人張玉嬿及畫家陳香吟

一則消費新聞如果內容全部是靜態的產品拍攝，相信有80%的超高機率在編輯台即被抽掉，但是如果有豐富精彩的畫面，被報導播出的機率就相當高。

挺胸又抬腿
阿雅勤練芭蕾為蕾黛絲真水胸罩代言

　　以藝人阿雅為蕾黛絲真水胸罩代言為例：阿雅本就是該款系列胸罩的廣告代言人，出席記者會當然是合作條約中的一項，但是如果只是一般出席，不僅對凸顯產品特色沒有多大幫助，對於媒體報導的篇幅也無多大助益。因此，我們特別與客戶及阿雅的經紀人溝通說明，希望讓阿雅以跳芭蕾舞的方式出席記者會，而水胸罩則巧妙的被設計在阿雅輕盈的芭蕾舞衣中，這個提議不僅獲得客戶認同也讓阿雅欣然接受，因為不曾跳過芭蕾舞的阿雅將在台北芭蕾舞團團長吳素芬老師的密集魔鬼訓練下，首次以芭蕾舞者的身份在媒體面前演出。記者會當天現場，在弦樂團演奏帕海貝爾的「卡農」樂聲中，阿雅穿著胸前水波盪漾的白色舞衣出場，現場14台攝影機及無數的相機幾乎擠爆攝影區，當天晚上的新聞是全疊打，每一家出席的媒體都競相報導這則新聞，不枉費阿雅苦練芭蕾舞還跳破一雙舞鞋的辛苦代價。這樣的操作方式不僅能滿足代言人自我挑戰的慾望又與活動本身產生強力的連結，同時更滿足了媒體需要的新鮮話題與豐富畫面，更重要的是公關公司也不用擔心媒體報導不夠，算是創造了四贏的局面。

從沒跳過芭蕾舞的阿雅，為蕾黛絲真水胸罩發表會花了三個月勤練芭蕾

漂亮公主關穎、
氣質名媛孫芸芸
代言FORTE旋風掃台台

　　FORTE是台灣最知名的台塑集團，相關企業體所經營的化妝品品牌，擁有台塑生醫及長庚醫療團隊的背景，雖然是保養品界的新成員，但其企圖心與願景是邁向國際消費市場；所以FORTE對於廣告代言人的挑選非常嚴謹，名人的形象、身家、媒體的吸引力都列為考慮的重點。名人擔任的任務可不少，不但要拍攝電視CF廣告，出席新產品發表的記者會且要出席多場巡迴的百貨公司SP活動，幾個月前廣告公司與我們就已經努力慎重的搜尋、推薦符合條件的代言人選，經過客戶慎重評估，最後膠原蛋白系列的代言人，捨棄了所謂天后級的大牌女藝人，而鍾情於剛在演藝界竄紅的明日之星——關穎，最重要的是看好她的年輕甜美、清晰可人的氣質與未來在國際舞台上的發展潛力。關穎小姐也不負眾望挾著當紅偶像劇的風潮，巡迴全省各大百貨公司，所到之處粉絲湧現，加上為其量身訂作的現場活動，大大提升品牌形象及銷售業績。

　　根據調查，孫芸芸小姐渾然天成的風姿韻味，是許多台灣女性羨慕與效法的對象，孫芸芸小姐的粉嫩肌膚、優雅氣質

漂亮寶貝關穎是Forte膠原系列的代言人
氣質名媛孫芸芸擁有粉嫩的肌膚，把第一次化妝品代言給了Forte的頂級系列

及出眾外型，只要出場一直是個可愛高貴的queen永遠是鎂光燈的焦點，當然是Supreme頂級系列的最佳代言人，工作人員在與其溝通的過程中發現了孫芸芸小姐不愧是時尚總監，她聰穎過人的獨特美感，親自參與畫面的設計與挑片，平易近人與敬業態度，是個人愛惜羽毛的最佳典範。

　　搭配我們事先規劃好的議題，從拍片花絮、新產品發表會、SP的巡迴活動等，無論電子或平面媒體的影劇版、產業版、消費版、名人版都有大篇幅的報導，當然大大提升了品牌的說服力與媒體曝光度，與品牌之間達到魚幫水，水幫魚的加成效果。

如何說服名人擔任活動代言人？

　　如果公關人員認為只要有預算絕對可以邀請到客戶心目中最佳的活動代言人的話，那麼這個觀念可要改一改，否則碰釘子還不要緊，弄丟了客戶就得不償失！當我們從媒體上看到久未露面的資深藝人或港星，可能心想：哇，出席費用一定很高吧！答案有時候是出乎意外的。因為出席的費用多寡，常常不是這些資深藝人或港星的主要考量，反而是品牌及產品適不適合、喜不喜歡、活動內容主題能不能接受，對公關公司操作的信任度等因素。

陳美鳳身穿VERSACE薄紗禮服
走秀驚艷全場

品牌愛用者
凡賽斯女神陳美鳳

　　以義大利經典服裝品牌凡賽斯（VERSACE）為例，在2002年台灣秋冬新裝發表會上，

為了尋找一位足以代表凡賽斯熱情、活力與勇氣的最佳代言人——不僅身材要好，知名度要高，觀眾緣、媒體緣都要兼具，還要有巨星的氣勢，綜觀目前影劇圈唯一的不二人選，就是在影藝圈中　直耕耘不懈，人緣極佳的陳美鳳小姐。當時，我們懷著忐忑心情打電話聯絡陳美鳳小姐的經紀人希望能邀請陳美鳳小姐擔任壓軸走秀嘉賓，兩天的等候終於得到她本人首肯，原來她個人原本就特別鍾愛凡賽斯的服裝品牌，能為凡賽斯服裝走秀也正是名副其實的代言人。當然凡賽斯也不辜負陳美鳳小姐的厚愛，特別從義大利空運來台一套黑色縷空薄紗晚禮服，若隱若現的閃亮網結編織與希臘女神般的領口造型剪裁，讓她當晚宛如女神般高貴性感，加上陳美鳳小姐的媒體緣，走秀當天是晚上7點才開始，但是幾乎所有的平面及電子媒體都蒞臨了，甚至還出動SNG車占據會場外的道路，一度還造成交通阻塞。

積家錶品牌質感佳
感動電眼美人李美鳳

　另一個案例則是擁有百年歷史的瑞士積家錶（Jaeger-LeCoultre），當時有一款利用頂級鑲嵌工藝——雪花鑲嵌法所創造的積家女性錶款，在台灣發表會上，客戶希望能由一位知名女性來為此錶款代言走秀。這位女性必須與積家錶的低調、深具內涵卻又耀眼迷人的品牌特色相吻合，經過一次次的名單討論，我們一致認為從香港遠嫁台灣，久未露面且處於半退隱狀態的港星，人稱電眼美人的李美鳳小姐最合適。

遠嫁台灣當媳婦的港星李美鳳為積家錶擔任活動代言人，敬業與專業的程度令工作人員深感佩服

在聯絡過程中，我們先傳真一封誠摯的邀請信，說明整個記者會的計畫並附上積家錶的品牌介紹與雪花鑲嵌法的特殊鑲鑽工藝與錶款造型供她參考。我們在一星期的等待之後獲得李小姐的首肯。她的敬業態度讓我們極為佩服，在整個前置作業，從服裝、化妝到髮型，李美鳳小姐一點都不馬虎，甚至連品牌歷史、產品特色，在活動前即要求充分了解。同時為了提供影劇線媒體報導角度，李美鳳小姐更與我們公關人員會面討論新聞稿的發佈內容，希望能夠將產品不著痕跡地帶進影劇版的報導中。

名人代言活動如何增加媒體曝光度？

媒體操作的技巧是千變萬化，唯有透過事前的縝密規劃、沙盤推演才可能有機會達成預定目標，但如果碰上天災人禍等突發重大事件，記者會上電子媒體完全都沒有出現的情況也不是不可能發生，這時候就只能望天興嘆了！但若摒除突發狀況而就一般精品活動的媒體操作來討論，有名人代言的活動型式要如何操作才能創造更高的媒體露出率呢？下面是一則經驗分享。

孫燕姿代言
美國名錶Fossil 影劇版消息搶搶滾

以美國知名流行鐘錶品牌Fossil為例，美國總部從亞洲華人地區挑選出最具觀眾緣與充滿個人特質魅力的新加坡歌手孫燕姿小姐擔任亞洲區廣告代言人。在台灣的宣告記者會上，孫燕姿小姐僅出席接受贈錶及採訪，短短的10分鐘，她被媒體團團包圍，當天的媒體包括電視新聞台、娛樂新聞台、時尚消費雜誌以及報紙的消費版。你一定覺得奇怪，為何

其中沒有報紙影劇版記者出席？其實，是為了避免同一家報社讓不同線的兩位記者跑同一條新聞的窘況發生，但是邀請名人代言的目的之一不就是希望媒體報導增加嗎？所以，我們在事前即與孫燕姿小姐所屬的活動經紀公司溝通影劇版的操作方式及新聞角度，最後決定在記者會前一天的下午截稿前發佈一則消息給影劇版記者，內容為孫燕姿獲得Fossil亞洲代言人的殊榮及略為提到未來唱片製作動向的新聞稿並附上孫燕姿小姐配戴Fossil腕錶的宣傳照，果然記者會當天一早的早報即出現大篇幅的報導，再加上當天晚上電視新聞的報導，為整個孫燕姿擔任Fossil亞洲區代言人的消息炒熱到最高點。

或許你會質疑這樣的操作模式是否會得罪消費線記者，其實不然，反而由於我們在時間點上的錯開，讓消費線記者不至於同一天與影劇線記者搶報同一條新聞，更避免同一天出席同一場記者會的尷尬現象。另外從新聞時效性方面考量，影劇版的消息披露確實較具時效性，而消費版有時就比較著重在集結多種品牌作專題報導的方式，時效性上也就不似影劇版緊迫。

　　上述凡賽斯和積家錶兩個個案對當時負責操作的公關人來說，就像押對寶似的在短時間內獲得兩位美鳳小姐的肯定回覆，這真讓我們受寵若驚，但究其原因還是因為品牌的信譽及產品的吸引力。陳美鳳小姐原就是凡賽斯的主顧客，門市店長在這方面的協助，包括秀服的運送及相關配件的處理都讓陳美鳳小姐感受到十足的安心與放心；而積家錶代言人李美鳳小姐更是在籌備過程中即要求公關人員將產品照片提供給她參考。雖然久未露面，但是李美鳳小姐對於站在螢光幕前的準備依然專業，從髮型、化妝設計師的邀請到服裝的安排，在在顯示其處女座的完美個性，也因此不僅讓活動順利進行，在溝通的過程中，她們平易近人的態度與自我要求的敬業精神則更加令人尊敬與學習。

一定要用名人代言的方式操作嗎？

　　時尚精品界邀請名人出席活動代言早已是公關操作的形式之一，但是如果預算有限或是產品本身即相當具有特色，那麼到底名人代言所產生的效益有多大，是否會花了大錢反而稀釋掉品牌或是產品本身所要傳達的訊息？要避免上述情況的發生，恐怕是公關人員與客戶在活動規劃之初就要審慎評估，名人代言有名人代言的好處，但是有時回歸產品面作深入且專業的媒體規劃報導，要比費時費力去邀請名人代言來得有效得多喔！

chapter 7

我們不是交際花

We are not Social Butterfly

曾經公司有一位同事要租房子，和房東約了時間過去看房子，房子還算普通，房東也滔滔不絕的稱讚自己的房子有多好，就在一切條件都了解得差不多的時候，房東突然問：「小姐，你在哪裡上班？」，同事馬上回答：「我在公關公司上班」，房東的表情一愣：「公關喔！是這樣啦，我們這附近的住戶都很單純，我看你還是再回去考慮看看，不用急著確定啦！」就這樣，房東將大門帶上，留下門外一臉錯愕的同事。當然，可想而知接下來的租屋過程中，我同事的職業自動變成了「廣告業」。

　　以目前台灣的公關環境，除非是大企業集團或是外商公司，一般的中小企業對於公關公司的「使用」，甚至是了解都還處於萌芽階段，更遑論一般人對「公關」一詞的誤解，以為我們就是陪客人划拳、喝酒、聊天的酒店公關小姐。所以在此要鄭重澄清——我們是專業的時尚精品公關企劃與執行者。當然，時尚精品公關人員顧名思義不論外型打扮跟時尚品味應該有一定的相關性，這又造成許多年輕朋友對精品公關工作的美麗幻想：「白天穿著正式上班套裝，一副精明幹練的模樣；到了晚上則換上小禮服光鮮耀眼的出入時尚派對現場，招呼著來來往往的時尚名人、富商巨賈，展現女人百變的魅力，偶爾還可能登上時尚流行雜誌的名人穿衣鏡或是Party版版面，如果老天有眼因此得幸嫁入豪門，豈不是人財兩得從此過著少奶奶的生活，享受被名牌淹沒的感覺！」可是如果認真作過調查，你可能就要對精品公關這份工作的美麗幻想打折扣了，畢竟嫁入豪門的人數比例少之又少，也許還不如在百貨公司當化妝品專櫃小姐的機率來得高呢！

　　事實上身為一名時尚精品公關人員的工作非常辛苦，我們花費在腦力、體力、工作時間

十八般武藝樣樣精通，允文允武是公關人必備的本領

及負面情緒管理上的工夫比起普通上班族要來得多；但是相對的，精品公關人員的工作內容確實也較一般上班族更多采多姿，且隨時充滿挑戰。想要成為一個真正的專業時尚精品公關人員必須不斷地充實自己，練就十八般武藝，當機會來時才能全力以赴。我總是鼓勵同事在閒暇時能夠多閱讀書籍、觀察各類型的媒體版面特性、欣賞各種表演藝術、參觀各項展覽、嘗試美食料理、參加別人舉辦的時尚Party等等。唯有從生活中學習成長，在工作中落實負責，才能讓工作變成有趣的事情，所以雖然很累，卻也能樂在其中！

十八般武藝樣樣精通　允文允武公關本色

一位稱職的時尚精品公關人員應該是允文允武的，平時對於音樂、歌劇、繪畫、舞蹈、騎馬、美酒，與品味生活有關的事物都必須多所涉獵。在公關執行經驗中，當客戶的預算不是很充裕時，有些執行上的項目就必須節省，因此就會出現公關人員在活動現場指導模特兒走秀，或是擔任現場平面攝影師，甚至為了營造特殊效果穿起特殊服裝，擔任現場Show Girl。例如在一場柯達時尚數位相機發表會現場，為了營造清涼的夏日派對氣氛，接待區的公關人員還得穿起比基尼和夏威夷草裙來熱情迎接媒體的蒞臨；而為了籌畫黛安芬Party Bra的上市，公關人員可是在入夜後走訪了台北市各大夜店，一方面尋找適合的場地，一方面也希望談成異業結盟的合作，幾天下來幾乎個個都快成了夜店女王！

另外，我們曾經操作過ING安泰人壽Cafee棧開幕系列活動，安排長達三個月的人文藝術講座，邀請的主講者囊括了流行音樂人、現代詩人、作家、古典音樂家、美食家、命理科學家等。負責的公關人員則因為預算有限必須兼負起主持人的角色，也因此在籌備期間廣

泛涉獵上述各個主講者的專業知識領域，並與主講者直接溝通，試圖為每位主講者找出宣傳定調的方向，努力發掘的結果反而豐富了自己的視野，加上擔任每一場講座主持人的工作也間接訓練了公司同仁的口才、台風與臨場應變能力，算是一個意外的收穫。

Madame FIGARO！
費加洛國際中文版創刊酒會

　　法國費加洛雜誌國際中文版首次登陸台灣的創刊發表會是由中國時報系創刊發行，雖然數年之後易主，但是當時為了創刊所舉辦的一場盛大酒會，相信至今仍留存在許多媒體朋友及當時出席的貴賓腦海中。記得受命承接此案之初，為了凸顯費加洛雜誌兼顧時尚流行與藝術文化的雙重內涵考量下，光動腦會議就開了不下十次，從每次激烈的討論中我們逐漸確立表現形式，決定以我們最擅長的藝術為主軸，創造出獨一無二的費加洛創刊酒會。我們提案計劃以歌劇及時尚服裝秀兩大段落分別展現費加洛雜誌的特色。

　　其中歌劇部分，挑選出五齣以女主角命名的歌劇，運用最著名的女高音詠嘆調來呈現費加洛的創刊精神與編輯宗旨，五位歌劇女主角及詠嘆調包括：「托斯卡──為了藝術為了愛」、「茶花女──我內心那奇妙的感覺」、「卡門──哈巴奈拉舞曲」、「蝴蝶夫人──美好的一日」及「杜蘭朵公主──在這宮殿中」。為呈現最專業的演出效果，我們特別邀請台灣國寶級歌劇大師曾道雄老師擔任音樂總監及主持人，並邀請到五位國內重量級女高音，包括：柴寶琳教授、羅明芳教授、裴尚芬教授、陳允宜教授與徐以琳教授；另外五位知名

女性包括：前電視主播馬度芸小姐、作家成英姝小姐、影星翁虹小姐、日籍藝人川島茉樹代小姐及前國大代表鄭麗文小姐，兩組人分別以演唱及表演兩種方式，共同詮釋歌劇中的詠嘆調。

當晚由著名小提琴暨指揮家廖嘉弘老師帶領46位音樂家所組成的費加洛管絃樂團演出「費加洛婚禮序曲」揭開費加洛雜誌來台創刊的序幕。節目安排上，除了氣勢磅礡的歌劇演出外，活躍於演藝圈及伸展台的王靜瑩小姐也率領頂尖名模，展示巴黎、米蘭最新的頂級名牌春夏新裝，近百套的服裝來自各個品牌的共襄盛舉與祝賀之意，同時也將費加洛雜誌的古典與現代、藝術與流行的特色做最佳的詮釋。

台灣國寶級歌劇大師曾道雄老師與名模孟廣美擔任主持人

活動當天的小插曲是飾演「卡門」的翁虹小姐因前一天的排練不慎引起腰傷舊疾復發幾乎無法站立，演出當天翁虹小姐是坐著輪椅在後台Standby，但是一上舞台，卻立即化成熱情冶艷的卡門並以豐富的肢體語言詮釋「哈巴奈拉舞曲」的煽情挑逗，不僅讓後台的工作人員捏了一把冷汗，更佩服翁虹小姐的敬業精神與驚人的意志力。另外就是飾演

費加洛雜誌國際中文版發刊酒會現場，精品公關人員的藝術涵養能為每一次的活動創意表現加分

「杜蘭朵公主」的鄭麗文小姐身上的行頭加起來超過20公斤，尤其頭上左右兩側加寬的皇冠，差點就讓杜蘭朵公主無法從側舞台門出場，待順利上得舞台又因為服裝實在太重了，這位高挑的杜蘭朵公主沒法做太多大動作，甚至連謝幕時環繞T型伸展台一圈都驚險萬分，但是卻也贏得最多觀眾鼓勵的掌聲。整場節目在緊密節奏中一波波席捲觀眾感官，甚至有熱情的賓客在觀賞後感動落淚。

當個稱職的
Wedding Planner

說到我們的十八般武藝，其實並不誇張，記得曾經友情跨刀為一對名人好友籌備婚禮，由於我們舉辦婚禮的經驗較少，於是我就帶著全公司同事一起去看正在上映的好萊

日籍藝人川島茉樹代小姐扮演蝴蝶夫人及前國大代表鄭麗文小姐扮演杜蘭朵公主

塢電影——〈Wedding Planner〉，由珍妮佛羅培茲飾演一位婚禮籌備人員，從與客戶溝通、場地租借、新娘新郎禮服化妝、髮型打點等等瑣事，甚至在婚禮當天不僅要掌控全場進行流程還要照顧主婚人，身上隨時配備應付突發狀況時就用得上的緊急物品錦囊；當然回到現實生活中的這場婚禮不可能出現電影〈Wedding Planner〉愛上新郎的情節，但是我們處理好友婚禮的繁複與隆重程度絕不亞於電影中的場面調度。

這場於圓山飯店頂樓席開八十四桌的婚禮，由於男女雙方都是傳播界名人，黨政關係很好，邀請的賓客將近一千人，這樣的活動對我們來說只要事前流程及人員安排妥當，現場執行上倒不是什麼大問

前電視主播馬度芸小姐扮演托斯卡，影星翁虹小姐扮演卡門

題，同時也確實與雙方家長開會，徵詢過雙方的典禮要求尺度、現場佈置、節目安排的喜好與禁忌等。另外也與由幾乎清一色是國內知名新聞主播組成的婚禮主持人與男女招待團開過圓桌會議，詳細溝通細節流程並製作現場桌次表及座位名單供所有接待人員持有，以避免同時間湧入大量賓客時出現混亂狀況。

其實，對我們來說比較陌生也比較頭痛的是處理許多達官政要致贈新人喜帳、匾額，贈送者從現任總統、副總統到立法委員或在野政黨領袖……其中的先後次序如何安排懸掛置放才不致得罪人，當真考倒了我們；另外就是重要黨政領袖的出席次序要小心錯開、休息室的位置要方便進退場，還有隨扈人員的餐點處理、專屬座車司機的誤餐紅包等等禮節都必須注意，當天有何閃失，失禮的可是這對新人與雙方家長呢！

其次就是婚禮後的謝函，由於致謝對象都是大人物，雙方家長無不仔細推敲琢磨謝函內容文字，務必用最適當的辭彙語句，這對於不擅於使用應用文體的公司年輕同事來說，剛開始真的是有聽沒有懂，不過，很高興婚禮過後一切皆大歡喜，大家也從中學到很多，或許將來我們也可以用服務頂級精品客戶的精神拓展婚禮規劃市場喔！

EJ公關日記

　　我常覺得不知是因為膽子比別人大還是心臟比別人強，每次接到新的案子總希望能夠嘗試不同的挑戰。費加洛雜誌國際中文版的創刊酒會舉辦至今，我一直覺得對公關人員來說應該可以列為難度指數高達五顆星的活動，由於我們的大膽提案，打算將歌劇搬進當時內湖時報的劇院中，同時安排46人所組成的管絃樂團現場演奏竟被採納時，真是欣喜若狂卻又膽戰心驚。

　　回想當時，整場節目不可或缺的靈魂人物要歸功於主持人曾道雄老師、孟廣美小姐、管絃樂團指揮廖嘉弘先生、舞台燈光設計林克華老師與服裝造型康延齡先生。

　　由於兩位主持人在每段詠嘆調演出前都會將故事大綱及每一首詠嘆調演唱時的劇情概要先向賓客說明，加上曾老師生動活潑的介紹方式，讓賓客能夠快速融入樂曲中的情境；廖嘉弘老師則是費心改編樂譜，因為挑選的詠嘆調在正式演出

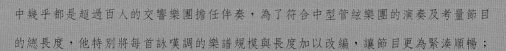

中幾乎都是超過百人的交響樂團擔任伴奏，為了符合中型管絃樂團的演奏及考量節目的總長度，他特別將每首詠嘆調的樂譜規模與長度加以改編，讓節目更為緊湊順暢；

服裝設計康延齡先生則是為每位名人變裝，讓她們化身為歌劇中一位位動人的女主角；資深劇場燈光設計大師林克華老師更是在百忙中為我們跨刀設計舞台與燈光。此書的出版讓我有機會再次向這幾位專業人士致謝，因為他們鼎力相助才能夠順利愉快的執行完這場活動。

　　不過，反觀即便我們有足夠經費邀請各領域頂尖的專業人士加入執行團隊，但是如果負責的公關人員本身沒有足夠的美學素養、音樂素養或對劇場工作不了解，相信根本無法掌控執行進度與呈現的品質。所以，誰說公關人員不需要具備十八般武藝？希望以後不要再有人認為公關人員只是漂亮的花瓶，而一些想要進入精品公關界的年輕朋友們也要有心理準備，多多充實自己的內涵與各方面的知識，會讓你的公關工作更游刃有餘！

chapter 8

素顏——
卸下華服做公益

Leaving the Fancy Dress Behind:
Volunteering for Good Courses

如果精品公關的專業運作可以讓許多美麗的精品品牌聲名大噪或是為人熟知；如果專業精品公關人員的強大執行企劃力，可以籌畫一場又一場的成功記者會或派對活動，那麼相信藉由以上的專業人才與執行經驗，絕對可以為社會、為公益獻出一份心力。

六年前，毅然決然離開服務十九年的報社體系自行創業，當時除了對於精品公關這塊專業領域的可發展性深具信心外，另外一個心中願景就是希望透過精緻專業的公關運作與商業結合，為國內藝術家提供更多的演出舞台，同時也為國內的藝文環境，不論是在演出經費的籌措上或是公關宣傳上盡一份心力。雖然明知國內的「藝文公關」可能是一個賺不到什麼錢的工作！但是從公司創立至今，我們舉辦過多場的慈善音樂會與藝文講座；也曾為文建會規劃921震災紀念晚會及為多個藝文團體尋求演出經費上的企業贊助，甚至直接參與實際製作工作。不諱言，藝文公關比精品公關操作艱辛，尤其牽涉到企業贊助，公關公司夾在企業與藝術家或藝術團體之間，一場商業行為與藝術的拉鋸戰總是考驗著公關公司的能耐，不僅一方面要讓企業覺得贊助藝術活動深具意義且物超所值，另一方面又要保護藝術家不讓商業行為過度渲染失掉其藝術性。值得欣慰的是我們這些年在藝文公關方面的努力，不僅結交了許多國內優秀的藝文人才，也促成許多企業開始長期贊助藝文活動，更間接培養了公司同事欣賞表演藝術的習慣與美學素養，反而開拓了在精品公關領域上的視野。

為公眾服務的公益活動

在921地震災後一週年，全省各地紛紛舉辦各類紀念活動，我們有幸參與由文建會中部辦

前文建會主委陳郁秀老師親自演奏作曲家李泰祥老師為紀念九二一首度發表的新作「地底下的呼喚」

陳水扁總統與前行政院長唐飛皆親自出席

公室主辦的「921震災一週年紀念晚會」的規劃。由於晚會舉行地點設在當時位於震央首當其衝的南投埔里集集火車站，於是我們建議籌畫一場與集集災區民眾一同在鐵道上的守夜活動，這個動員各地文化藝術工作者的另類紀念守夜儀式，從921凌晨零時開始，在營火、竹林、野薑花的佈置下，以火炬點亮集集火車站，當天儀式的第一波高潮，就是由李泰祥先生為921災民創作的新曲〈地底下的呼喚〉首度發表，並由前文建會主委陳郁秀女士擔任鋼琴伴奏，李泰祥先生的公子李奕青先生則擔任詩詞朗誦，另外還包括原舞者舞團的原住民詩歌吟唱及南投教師合唱團的演唱等。第二波高潮則是總統陳水扁先生、副總統呂秀蓮女士及前行政院院長唐飛先生的相繼蒞臨，並與全國藝文工作者及集集鎮的民眾共同守候度過台灣歷史上撼動人心的午夜一點四十七分。之後由文建會全省23縣市代表分別帶著各縣市的一把陶土，在集集民眾的見證下倒入由集集添興窯所製作的大水缸中，邀請陳總統與前文建會主委陳郁秀女士共同主持和拌，並公開邀請全國的藝術創作者主動向文建會申請土源，作為將來創作921紀念藝術創作的素材，待作品完成後將永久陳列於總統府、文建會及集集火車站。

為了籌畫這場晚會，雖然時間、經費有限，但我們依然卯足了勁全力以赴，甚至連與我們長期合作的場佈設計公司也都以做公益、當義工的心情與我們並肩作戰。從勘景、確定舞台架設位置、表演人員的敲定、現場佈置的規劃、野薑花的訂購、火把支架的訂製、現場安全秩序的協調、政府重要官員的接待安置規劃、交通車安排等等細節，台北、集集不知來回多少次。終於，一切努力有了代價，集集火車站月台中間因地震而荒廢的鐵軌上搭起了數呎高的舞台，鐵軌沿線擠滿當地群眾綿延了近百公尺長，而事前不確定出席的總

統、副總統都到了，所有電視新聞記者及攝影機占據集集火車站的兩側月台；SNG車也占滿車站外的停車場，此活動成為媒體出機率最高的一次活動。

　　記得當一切活動圓滿結束到收拾好現場已經近凌晨四點了，但是我們的工作尚未結束，公司人員兵分兩路，一路直上台北回公司準備另一精品公關活動相關籌備事宜，另一路人則直奔桃園大溪格蘭地馬場為下一個精品活動丈量會場佈置。也許你會問：「大家不累嗎？」，其實真的很累，累得人已經輕飄飄的了，但是心中的成就感與滿足感似乎減輕了身體的疲累。當我們在高速公路上看到清晨的曙光乍現時，睡眼矇矓的同仁彼此給了一個會心的微笑，我們知道下一個挑戰就在前面等著！

為企業規劃的公益活動

　　由企業出資主辦或贊助大型音樂會的形式已經蔚為風氣，但是許多是邀請國外知名的音樂家或知名樂團來台演出，反觀國內優秀的演出團體反而缺乏企業贊助。1999當越界舞團的年度創作演出【羅曼菲V.S賴英里──樂舞相合巡迴音樂會】

的公關宣傳活動委託我們負責時，我們除了安排媒體報導外，更積極尋求企業贊助，終於在匯豐銀行的獨家贊助下，這場演出獲得許多的熱烈迴響。有了第一次的贊助藝文經驗，匯豐銀行在第二年即提出有意舉辦一場公益性質的音樂會構想，我們立即提案建議邀請國內優秀的音樂家擔綱演出，並尋找出具話題性的新鮮組合。

有鑑於「樂舞相和巡迴音樂會」是兩位美女的組合，於是這次我們朝向兩位帥哥的搭配，一位是深具貴族氣息的國內知名小提琴家廖嘉弘先生，另一位則是素有鋼琴王子之稱的陳冠宇先生共同擔綱演出「匯豐銀行慈善音樂會——愛的圓舞曲」。記者會則特別安排於仁愛醫院大廳，並提前邀請兒童病房的病患與媒體朋友一同欣賞兩位音樂家的精彩演出。而正式演出的場次則包括：台北國家音樂廳、台中縣港區藝術中心、高雄市中正文化中心。同時這次慈善演出所有的售票款項所得連同由匯豐銀行提出的相對基金，全數捐贈「周大觀文教基金會」所推動的《送樂器到災區》活動，作為該活動成立二手樂器媒合中心之經費使用。

企業舉辦或贊助公益活動絕對是要以商業觀點、以自身的利益為出發，希望得到實際的利益與企業形象，畢竟企業體所做的任何一個動作、所付出的任何一分錢幾乎都必須是對公司有正面效益的，我們又希望藉由某些企業贊助活動的經驗，達到為善欲為人知，發揮拋磚引玉的效果，所以公

關人員在操作這類公益活動的媒體計畫時反而更要審慎規劃，以上述慈善音樂會為例，在媒體操作上規劃有：財經版（匯豐銀行）、文教版（周大觀文教基金會）、醫療版（仁愛醫院小型音樂會），以及藝文版（兩位音樂家），雖然在不同的媒體上所呈現的新聞角度會不同，但目的無非是讓慈善音樂會能夠不斷被曝光，客戶贊助藝文的企業形象也就不斷地在民眾心目中留下深刻印象。雖然慈善活動無法像在自家開記者會，可以不斷大剌剌地提到企業名稱，但是透過公益活動所塑造出的企業形象其背後潛藏的附加價值應該絕對物超所值。

為藝文團體尋求企業贊助的異業結盟

另外一種常被朋友笑我在做善事的公關工作，就是幫助藝文團體尋求企業贊助。由於國內藝文環境不佳，許多中小型規模的藝文團體往往在演出前數月才知道是否有申請到政府補助款，就算申請到補助，補助金額上也常常不足以負擔演出總經費，因此不得不尋求金援，但是離演出時間又僅只剩兩三個月，想要在這麼短的時間尋找企業贊助，其實機會並不高，因為企業的贊助經費來源，一是動用到企業形象的廣告預算，或是產品的促銷預算，這些都是需要年度的預算計劃，如果演出時間沒有搭上企業推出新產品的時機，若再遇上整體大環境經濟不景氣的影響，諸多因素加起來無法找到企業贊助的機會則非常大。而且要企業內部在短時間內對藝文團體的贊助提案進行開會討論，進而挪動既定預算、專案撥款，除非是大老闆一聲令下，否則

透過正常管道層層上簽呈到決策者手中，藝文團體的演出大概已經演完了。

　　雖然尋找企業贊助困難重重，但是我們還是曾經協助過許多藝文團體尋找到企業贊助，不可諱言，有許多案子也是白忙一場，因為企業考量的因素真的很多，從演出藝術家的知名度、場地的地理位置、交通運輸是否適合邀請企業的VIP去欣賞、現場觀眾座位可容納多少人、演出場次有幾場、贊助的回饋內容有哪些等等，都需要考慮評估。

　　這麼多年來我秉持文藝女青年的熱誠，夾在企業與藝術家之間，我相信其實有許多企業都有心回饋社會、支持藝文活動，相對的藝文團體本身不只對自己演出的要求外，更應該具備完整的行銷規劃、媒體宣傳規劃，如果只一昧地堅持理想性與藝術性，而忽略企業贊助背後所需要獲得的潛在回饋（媒體曝光、企業公益形象提升、公關票券回饋、企業精神與演出內容的關聯性等）的滿足，那麼藝術與企業之間就很難建立良好的互動關係！

「非愛情故事」詮釋亙古愛情

　　我們是如何尋找贊助企業呢？我就以曾經操作過的個案「影舞集表演印象團」於2003年國家戲劇院推出的大型製作〈實擬幻境舞蹈劇場－非愛情故事PartII@夢〉為例，這是國內第一部結合電腦動畫、映像、現代舞蹈、劇場藝術等元素於表演舞台上的前衛作品，其最大特色是跨越了數位影像與舞台表演間的融合障礙，將實體舞者與虛擬舞者、虛擬環境合

支持藝術創作者的作品發表，經費上或許拮据但從中學到的經驗卻是豐碩的
圖為豎琴家解瑄的跨界之作──粉月亮音樂劇場地二號作品「紅色薩拉邦」

121

而為一，共同呈現在觀眾眼前。在瞭解了產品優勢後，我們開始撰寫企業贊助企劃書，詳列企業贊助的權利義務與回饋內容；另一方面則開始尋找最可能贊助的企業名單，領域從消費、精品、汽車、到3C產業，我們除了一一約時間親自拜訪外，並舉辦一場說明會由影舞集的團長也是這次演出的編導陳瑤小姐（好萊塢動畫特效大師）及製作人陳琪小姐擔任主講者，除了詳細介紹〈非愛情故事PartII@夢〉的製作過程外，並與來自不同領域的業者分享國內表演藝術環境的現況。

座談會之後，我們持續追蹤客戶的反應及贊助意願，雖然最後的結果並不甚理想，但是卻意外的獲得鑽石諮詢中心的邀請，希望〈非愛情故事PartII@夢〉能在「心鑽」產品發表會上演出片段，然而影舞集方面則堅持藝術家的完美性格，捨棄原有的動畫畫面重新為「心鑽」發表會設計一支實擬幻境的動人愛情故事舞碼，並特別繪製裸鑽的翻轉動畫呈現在整個舞台鏡框中，讓整場產品發表會獨樹一格。雖然希望能爭取到企業贊助〈非愛情故事PartII@夢〉演出經費的目的沒有達成，卻意外促成商業活動與藝文結合的互動合作模式，也算皇天不負苦心人吧！

不過，以我的經驗，藝文團體尋求企業贊助在執行的過程中由

於牽涉到藝文團體與客戶之間的權利義務與贊助款項，仍然是要清楚載明於合作條款中，並經由三方，包括：企業主、藝文團體、公關公司共同簽名認定才行，否則事後若衍生出許多的誤會與糾紛可就得不償失了！

企業與藝術的共生

在我們許多客戶中，萬寶龍對於國內藝術活動的贊助相當用心，舉凡國內的音樂演出、畫展、舞蹈表演、甚至是本土電影的宣傳活動贊助，萬寶龍都不遺餘力熱心參與。究其原因，除了品牌所堅持的藝術工藝與人文藝術的精神外，台灣區總經理葉美英女士個人對藝術的涵養與鼓勵國內優秀藝術家創作的氣度胸襟最令人敬佩，對於品牌所舉辦的活動皆極力邀請音樂家、藝術家參與演出、創作，讓活動內容充滿創意與驚奇，不僅讓萬寶龍屢獲文建會專為感謝企業贊助藝文活動所設立的文馨獎肯定外，身為長期服務萬寶龍的我們，不僅多次順利為許多藝術家尋求到演出贊助經費，同時也時時享受到藝術文化的陶冶。誰說藝術創作染上商業氣息就不夠純粹！我反而覺得兩者間若有好的互動，反而能讓藝術家與藝術創作更加發光發亮。

EJ公關日記

　　回想當時執行921震災週年紀念的情景，彷彿還歷歷在目，一種酸甜苦辣的心情悄然

升起。猶記當時在經費幾乎不足的情況下，我為了接不接此案掙扎好久，評估投入的

時間及人力成本幾乎是血本無歸，但是最後還是接了。很慶幸接下這個有意義的活

動，以當時公司剛起步沒多久的狀況，這個案子也正考驗同仁執行大型活動的能力。

在執行過程中，多次往返埔里集集，沿途看到的是還未整建修復的橋樑、道路及民

宅，讓我們這群從台北來的都市人真正感受到地震帶來的災害有

多嚴重，每次因開會或看場地而踏上集集的土地時，心情總是

沉重的；但是看到台灣人的樂天知命也是在集集。鄉民們親

切接待、警力支援、消防安全維護、鎮公所協助，以

及地方人士幫忙，並不因為我們是外地人而吝於伸出援

手，也因為有在地人的全力支援，才能讓這個活動順利圓滿完成。

　　時至今日，當時的傷痛有些或許已經撫平或淡忘，但是對於曾經執行過921震災週年

紀念的所有工作人員，相信永遠都不會忘記那一夜的凌晨一點四十七分從心底發出的

吶喊與感動！

活動外一章

一場溫馨感人的
音樂會

A Most Touching Concert

就像許多頒獎典禮上，得獎者在感謝許多人後，最後總不忘感謝自己的家人。家人是我最大的精神支柱及強有力的後盾，一個忙碌的八爪女，如果沒有家人的支持，即便功力再強也難以伸展，特別是一直陪在我身邊的兒子子傑。大概是單親家庭的關係，子傑從小就很懂事與貼心，所以在子傑十八歲那一年，身為母親，我想在他成年禮的這一天，為他也為自己留下一點什麼。在工作上我幫客戶們完成許多成功的公關活動，於是想幫子傑辦一場音樂會作為十八歲的生日禮物。子傑對於這個新鮮的點子充滿感激與期待，母子倆在二、三個月前就默默地展開準備，雖然子傑從小學鋼琴，國三暑假開始拜師學古典薩克斯風，但是畢竟不是音樂班的學生，要辦一場正式的音樂會可是讓我這個作媽媽的緊張了好幾個月呢。

夢想、飛翔——
沈子傑18歲生日音樂會

這場音樂會，從曲目挑選、場地安排、禮物製作、邀請函、海報及節目單的設計編印，完全是一場正式的音樂會

吾家有子初長大

模式。為了海報、節目單製作，我與子傑還特別進攝影棚拍沙龍照，對我而言，這真是很難得的經驗，雖然我的工作常常陪名人與藝術家拍照，一向嫌自己太胖，又怕自己不夠上相的我，對拍攝正式的沙龍照總是逃之夭夭，這次為了兒子只好犧牲色相陪他玩到底，不過還是緊張得進行了一陣子的減肥計畫，子傑卻以拍照為名趁機添購行頭，拍照前一晚還自行打理搭配出七套造型，頗有大明星的架式。

音樂會當天邀請的賓客都是自己的家人，包括從未聽過古典音樂會的外公、外婆與親戚們；子傑的奶奶、伯父、伯母，以及遠在美國的姑姑們，還有特地遠從大陸、加拿大回來參加的阿姨們，還有與我相交數十年看著子傑長大的同學、好友們，所有疼愛子傑的長輩都帶著滿滿的祝福前來，氣氛好像是在辦喜事，許多久未見面的親朋好友藉機聚會，場面溫馨熱鬧，吾家有子初長成，這是我辦過最感人、最另類的一場活動。

每次辦活動我們習慣會幫客人準備一個小禮物，這次的生日音樂會我與子傑也希望送給

與會親朋好友一個與音樂有關的紀念品，雖然時間很倉促，我還是發揮了專業的公關效率，一家工作上常配合的禮品製作廠商建議可以製作音樂馬克杯並由子傑親手設計馬克杯上的圖案。子傑將自己吹奏薩克斯風的畫面卡通化並繪上樂譜音符及音樂會主題，做成獨一無二的紀念禮物。

我可能是辦精品的活動辦太多了，中毒太深，禮輕情意重卻又要一定得包裝美美的，公司的同事都在忙別的案子，我們母子又是裁紙又是包裝，花了好幾個晚上，包了二百多個禮物，雖然腰酸背痛，但是能與兒子一起工作，心情溫暖而踏實。

『18歲的第一天，我決定用薩克斯風吹出只屬於我的Unique』

子傑在18歲的第一天，想用音樂感謝所有疼愛他、呵護他的長輩，所有的曲目都經過他自己精挑細選，都是他喜歡的作曲家，有現代探戈音樂之父──皮亞佐拉的再見諾尼諾、現代樂派作曲家米堯的丑角等作品，有憂傷感人的抒情曲，有激情狂野

的舞曲，全長將近90分鐘，我在台下看著子傑初生之犢不畏虎的樣子，心中的情緒澎湃激動，子傑小時候的種種似乎像是昨天才發生般那麼鮮明，而今轉眼已成年，對他自己未來的一切也充滿更多的期待，做媽媽的我忍不住感動得眼眶泛紅。

　　音樂會後，小阿姨說她聽到第三首卡洛斯、加戴爾的你愛我的日子(El dia que me quieras)，她也感動得落淚。子傑說當他吹奏此曲時彷彿看到剛去世一年多疼愛他的阿祖坐在觀眾席的前排看他演出，他一度哽咽，卻還是努力吹奏完，你看這是不是心有靈犀一點通？

　　子傑的音樂會後，得到許多迴響，一群好友紛紛表示：「我女兒將來畢業典禮，也可以自己設計個紀念品」；或是鼓勵自己的孩子：「好好學鋼琴，好好學長笛喔！等你生日時，媽媽也幫你辦一場音樂會！」；甚至有些孩子自己表示：「媽，我生日的時候也要辦一場party！」。從這次音樂會中，我想，最大的收穫是在籌備過程中母子一起為相同目標努力付出的互動。看著子傑落落大方站在舞台上演出的那一瞬間，我真的覺得那是花再多錢都買不到的經驗與感動。

詹姊給公關人
的建議

Suggestions from Jessica
to people in PR

致 對精品公關有興趣的朋友們

在台灣，從事公關業的大部分是女性，尤其在流行精品界更是如此。放眼望去，公關業界盡是精明幹練的美型女，也是我們常自我解嘲說是一群「嫁不出去」的女人。為什麼會如此？公關人員需要什麼樣的特質？流行精品公關又有什麼特別要求？你(妳)能成為優秀的公關人才嗎？基本上，公關人員需要有三頭六臂的能耐，最好什麼都懂一些、什麼都會一些，在流行精品界更要內外兼修、秀外慧中、精益求精。若一定要篩選出幾項「必備」的特質，我將之歸納為「本質」與「能力」兩大部分：

1. 本質

創意：創意是公關人員的生命，創意枯竭等於公關生命結束。因為每一次的公關事件都是特定公司、依據特定目的、針對特定對象所設計的活動，雖有邏輯可遵循，但是絕對沒有模式可以照著套用，盲目模仿他人的做法絕對要失敗。因此公關人員必須永遠保持一顆新鮮活潑的頭腦，才能應付源源不斷的變化。

自信：自信是魅力之所在，自信能使人增加判斷與說服能力。公關與行銷相同，是屬於結果論的行業，在尚未看到結果時，誰也無法100%準確預測它的成功或失敗。一個自信的公關人員比沒有自信的公關人員更具有說服力，因此可以花較少的時間獲得較多的信任與授權，善用多出來的時間進行更重要的研究與規劃工作。

健康：包含身體與心理兩方面的健康。公關是費心耗力的工作，平常時間所有人脈關係的維繫有賴於用心的經營，是對一個人心智成熟度的考驗；遇上有活動的時候，身心的耗竭大約會是平時的五倍以上，如果沒有健康的身體，絕對負擔不起這樣

的重任；如果沒有健康的心理，也無法度過工作的高壓期。

2. 能力

溝通能力：與大眾或與特定對象在資訊、觀念、感情、政策等方面的溝通是公關人員的基本工作，所以如果說創意是公關的生命，那麼溝通就是公關的工具，幫助公關人員具體地執行創意。成功的溝通包含表達能力、談話藝術、眼神舉止、臨場反應 等，需在平時多加磨練與學習。

組織能力：公關人員的工作中，除創意外，更大部分是將創意落實到執行的技術性工作，組織能力是考驗邏輯思考能力。組織能力包含策劃、領導、安排、調度、整理等，必須經過細心的規劃和縝密的思考才能將天馬行空的創意具體呈現。因此公關人員除了顧及思想層面提昇，也必須兼顧卓越的組織能力。

求知能力：環境不斷改變，公關人員要如何洞察先機、比別人早一步想出對策，靠的是對新知的大量吸收與融會貫通。我們對知識的取得要「快、狠、準」。快是理解力要強、記性要好，比別人更快進入狀況；狠是視新知為作戰資源，要爭取和重視；準是判斷資訊的實用性，提綱挈領、抓重點，準確無誤地運用。

　　除了上述六項特質之外，專家或坊間書籍對公關人員特質的要求也很多，以流行精品業來說，穿著得體、儀表大方、流行感敏銳、美學眼光、人文素養等，樣樣都是重要的條件，但人不可能十全十美，優秀的公關人員更非一蹴可幾，真正對本行有興趣的讀者，必須要以上述六項特質為基礎，慢慢建立和培養，從經驗中醞釀出全方位的公關魅力。

致 正走在精品公關這條路上的朋友們

　　作為亦傑公關公司的負責人，我總是希望公司能有源源不斷的案子進來，業績好、公司賺錢，才有機會朝向永續經營的理想目標。但相對的也代表公司同事們的工作量會變得很大，一般公關公司的projector leader手上都有三到四個案子要執行，每每看到同事們為公司努力工作，一方面覺得很欣慰，另一方面又很心疼，所以我都會儘量盯著她們時間到了要吃飯；偶爾切切水果幫她們補充一下維他命C；耐心聽她們對客戶的牢騷；佈置一下公司的環境，例如在門口或會議室擺個美麗盆栽或放些點心零食，讓大家一進公司或是開會時心情能夠稍稍放鬆一下；或是在一個案子剛結束的空檔帶大家去泡溫泉、吃野菜，調劑身心靈。

　　精品公關的工作雖然充滿魅力也深具挑戰性，工作內容多變，但是工作時間長、工作壓力大，有時候一個案子忙起來，連續好幾天加班是常有的事，所以公關人員一定要懂得保養身體，更要懂得在心理壓力到達臨界點之前趕緊放下手邊的工作自我疏壓調適。在此提供一些個人經驗及觀察自我公司那一群公主變丫環的小姐們疏解壓力方式，讀者們若有興趣也可因年齡及個性的不同選擇適合自己的解壓方法：

上班時的解壓

- ■第一招：早餐吃得好。好好吃一頓早餐讓好心情迎接一天的開始。
- ■第二招：戴上耳機，聽喜歡的音樂寫新聞稿。

■第三招：中午與同事外出用餐，時間維持一個小時，有助於心情轉換調適。

■第四招：接到客戶無理抱怨，試著深呼吸五次、吞口水五次，鬱卒的心情會獲得適當改善。

■第五招：若連呼吸吞嚥口水都無效時，試著站起來大聲對同事吐苦水。（需慎選在無外賓來訪時）

加班時的解壓

■第一招：絕對先吃晚餐再加班。

■第二招：設定必須完成的工作目標，一旦達成立刻離開辦公室回家休息。

■第三招：準備一些小點心為自己加油打氣。

下班後或週末時的解壓

■第一招：週五夜晚的狂歡，跳舞、看電影、參加party，或是參加社團。

■第二招：與心中重要的人好好吃一頓大餐。

■第三招：做Spa，享受被服務的感覺。

■第四招：健身房運動，大量流汗加速身體新陳代謝。

■第五招：練瑜珈、靜坐，釋放負面情緒、提升靈性智慧、回補能量。

■第六招：邀三五好友或家人一起爬山、游泳、喝下午茶或去高爾夫球場練場推桿。

■第七招：閱讀能讓自己放鬆的書籍，漫畫也可以。

■第八招：動手做料理。

■第九招：參加週末讀書會。

■第十招：欣賞藝文表演。

　　其實無論用什麼方法，最重要的就是要有Enjoy your work, enjoy your life.的堅定信念，雖然有人說不要把工作跟生活混在一起，但是如果工作不開心，生活又怎麼會開心呢？如果星期天的晚上就想到星期一將會是個Blue Monday，僅僅把工作當作餬口或是因為經濟壓力不得不做的事，不僅工作不快樂，相信生活也不會快樂到哪裡去！

　　讓工作與生活維持快樂運作非常重要的因素之一就是有一個健康的身體和清晰的頭腦，而適度的運動就是最好的維持方式，但是現代人藉口實在太多了，我常聽說：「我連吃飯睡覺的時間都沒有了，哪還有時間運動！」，其實這已經是生病的前兆了。無論如何，越忙越要運動，否則身體的新陳代謝減緩，各種免疫系統的疾病就有可能會悄悄上身，嚴重程度任誰也無法意料。尤其是從事公關行業的人，能夠盡量每天維持一個小時的完全運動，讓身體和心靈完全沉浸在運動中，沒有其他思緒，不做任何思考，試著讓身體淨空，如果可以就儘量早上上班前做運動，不僅可以讓自己一整天容光煥發，還有助於人際關係的和諧及提升辦事效率喔！

附錄

品牌故事介紹
Stories of the Brands

愛彼錶 Audemars Piguet

1875年，愛彼錶Audemars Piguet在瑞士 Jura地區Vallee de Joux心臟地帶的 Le Bras-sus村莊創立，專門設計及生產頂級精密複雜的鐘錶。作為鐘錶業的奇蹟，愛彼錶廠是世界上最古老的鐘錶企業之一，而其最難能可貴之處是創廠一百三十年來皆保有在其創始者家族手中經營。兩位創始者Jules-Louis Audemars 和Edward-Auguste Piguet， 堅信延續這一傳奇必須基於古老悠久的製錶訣竅和技藝，以及三個根本的價值觀：傳統、完美和創新。

如今，愛彼錶在Le Brassus的廠房擴建為三棟，其中包括1875年的原始工廠改建為愛彼博物館；1907年建造的第二棟建築作為公司總部，技術和售後服務部門2000年建成的最新大樓則用於鐘錶製造、珠寶鑲嵌和微機械加工廠；另外，愛彼錶廠還另於Le Locle擁有APRP複雜機芯廠，和Geneva的錶殼裝配廠。目前，愛彼錶廠每年約製造18,000只頂級腕錶及懷錶，於全球超過20個國家擁有銷售代理店或專賣店。

致力於特殊機械錶及複雜功能錶

愛彼錶兩位創始人Jules-Louis Audemars及Edward-Auguste Piguet在最初創廠時就決定AP將致力研發最精巧的機件來製作最高度複雜及精密的頂級鐘錶，而早在1889年第十屆巴黎全球鐘錶展覽中，愛彼錶就展出一款包括三問、萬年曆及雙追針計時碼錶的超複雜功能的頂級懷錶，在當時史無前例而引起極大轟動，不但使愛彼錶聲名大噪，也為AP奠定了錶壇權威的地位。此後，愛彼錶在複雜功能錶的研發及製造過程中，有幾件刷新錶界歷史的

創舉值得稱述，並也以創始人之名，分別生產兩大經典系列：圓形的Jules Audemars系列，及長方形Edward Piguet系列：

■1946年 愛彼錶創下世界錶壇新紀錄。推出全球最薄的機械錶，只有1.64mm。此款機芯實用而一直沿用至今，成為錶壇名作。

■1967年 愛彼錶推出全世界最薄的自動上鍊機械錶，厚度僅2.45mm，並且首度嘗試以21K黃金製作自動盤，引起同業群起仿效。

■1978年 愛彼錶創製出的頂級複雜功能懷錶榮登金氏世界紀錄封面，創下世界上最昂貴的不鑲鑽機械錶世界紀錄；同年，愛彼錶推出超薄自動萬年曆腕錶，可精準顯示日、月、星期直至2100年。

■1992年 推出以650枚零件組成的三層複雜腕錶（Triple complication）能提供十二種不同的功能，象徵製錶另一登峰新階段。

■1997年 發展出容納近700枚零件的頂級複雜功能自動上鍊機芯，兼具三問、萬年曆、雙秒針追針計時碼錶之功能。

■1998年 發表世界第一只三音鎚自動報時三問機械錶，及世界最小女用三問錶。

■1999年 愛彼錶廠承諾未來將陸續發表八款結合三種複雜功能以上的鉑金材質限量錶，全球限量生產20只，名為「八大天王」。

■2000年 發表全新自製Cal.3090手上鍊機芯，堪稱錶壇最優秀之手上鍊基礎機芯；2003年發表升級版之Cal.3120自動上鍊機芯。

■2002年 為紀念皇家橡樹系列30週年而推出「概念錶」，全球限量150只。

皇家橡樹（Royal Oak）系列腕錶

　　1972年，愛彼錶推出皇家橡樹（Royal Oak）系列腕錶。由於其螺絲外露的革命性設計，打破了鐘錶業界遵循了數十年的不成文規定：所有運作的零件都得隱藏起來，皇家橡樹也因此影響了全世界的鐘錶設計風格，成為不朽的錶壇瑰寶，其至今仍是愛彼錶的代表作之一。八角形錶面的皇家橡樹（Royal Oak）系列腕錶在其獨特造型背後，有一段吸引人的傳奇故事。

　　皇家橡樹原本是英國皇家海軍一艘於1830年下水啟用的戰艦，在當時它的負載武器種類多寡及順數均為全球之最，而愛彼錶的設計師即是從此艘被命名為皇家橡樹號的戰艦上找到設計的靈感。戰艦上八角形的舷窗，就是愛彼錶獨特的八角形錶面的由來，因為船的舷窗即象徵了力量和防水。而橡樹之所以在英國有如此尊重的地位，是因為英皇查理二世在一次躲避敵軍追擊時，因躲進一棵橡樹中而得以保住性命，因此查理二世便命皇家橡樹（Royal Oak）為皇室保護者的象徵。從此以後，橡樹便在英皇室的心中享有最特殊尊崇的地位。

　　上市超過30年的皇家橡樹系列腕錶目前已備有完整多樣化的選擇，男女錶款、自動錶、日期顯示、年曆錶、萬年曆錶、鏤空錶、計時碼錶、大複雜功能錶等，在材質方面除選用鉑金、黃金、白金、玫瑰金、精鋼及鑲鑽為主的素材之外，甚至也採用太空領域稀有金屬「鉭」、鈦合金，甚至是航太超級合金alacrite602。雖然在錶款的外觀裝飾或是功能設計上已稍有不同，皇家橡樹系列腕錶的造型一直未偏離當初由船艦舷窗上所得的創作理念，反

而是將原有的設計進一步加以改良，創造出更特殊的手錶式樣。因此之故，皇家橡樹系列
腕錶在30年後的今天，仍然是跨世紀的最佳完美設計。

世界錶壇之最──寶鉑錶 BLANCPAIN

　　創立於1735年的BLANCPAIN寶鉑錶為全世界歷史最悠久的鐘錶品牌，歷經268年製錶工藝
薪傳，堅持以超凡工藝打造計時藝術的極致價值，以人文氣息推動機械錶的永續運轉。在
2003年的巴賽爾鐘錶大展上，Blancpain推出 「Leman鬧鈴錶」及「Villeret 20週年月相
紀念錶」獲得全球錶評家一致的讚賞，12月將在台灣隆重上市，瑞韻達特別邀請Blancpain
雕刻大師Jean-Vincent Huguenin來台獻藝，為Blancpain的璀璨工藝打光聚焦。

極致工藝 世紀永恆

　　Blancpain由Jehan-Jacques Blancpain創立，發源地位於瑞士侏儸山區的小鎮
Villeret，自1735年創立以來，歷經歲月的洗禮，依然貫徹對非凡工藝的執著，並致力於
製錶技藝的文化傳承，憑藉著這份信念，Blancpain堅持只生產高品質機械錶，始終是最專
業的機械錶製造者。而深蘊內涵的製錶傳統更造就Blancpain峰芒內斂的設計風格，以圓形
錶殼、素色面板及貴金屬材質襯托功能構造的複雜性，是Blancpain一直以來所給予人們最
深的印象。

　　「專注於機芯即表示完成掌握所有機械功能的構造」，這個理想促使Blancpain在發揮製錶
藝術的精髓上，有最具體及突破性的成就。1988年Blancpain領先業界推出一套「六大經典

錶款」包括：超薄腕錶，月相錶、萬年曆錶、雙秒針分段計時錶、陀飛輪錶、三問報時錶，接著Blancpain在1991年更推出世界最複雜的「1735」紀念錶款，結合此六大複雜功能於一萬錶方寸之間，震驚錶壇，雄厚的製錶實力可見一斑。

完美驚嘆 世界之最──寶鉑錶 BLANCPAIN

　　Blancpain寶鉑錶奠定舉世不凡的尊榮地位皆由於品牌創新研究及其獨特性。Blancpain寶鉑錶永不生產石英錶，堅持機械功能的完美演出。Blancpain「1735」乃全球最昂貴、最複雜的機械腕錶，現在全球只有二位瑞士頂級製錶師能製造Blancpain「1735」，需歷時十八個月的精心製作。Blancpain並推出全球最小、最薄的自動上鍊女錶Ladybird，其精緻工藝至今無人能及。Blancpain於 1953年發明當時全球防水功能最強的50噚潛水錶，從此開創潛水錶新局，至今也已邁入50週年。而Blancpain推出全球第一只八天鏈陀飛輪腕錶，在世界錶壇上領先群倫。

　　BLANCPAIN寶鉑錶在2003年5月正式回歸瑞韻達集團台灣分公司之後，將藉由全球首屈一指的腕錶製造集團資源及整合豐富的商業行銷優勢，讓BLANCPAIN在台灣市場以更豐富的資源，更犀利具彈性的行銷操作，再次引起消費者的注意。

　　BLANCPAIN寶鉑錶台灣區副總經理張正勳即表示：「BLANCPAIN為全球歷史最悠久之鐘錶品牌，擁有許多項獨步全球的製錶工藝與技術，過去或許有許多人仍然不認識或不清楚，但相信在回歸瑞韻達台灣分公司後，我們將藉由豐富的集團資源、靈活的優質行銷及市場策略，讓BLANCPAIN以嶄新的面貌呈現在消費者面前，一起感受BLANCPAIN精湛、不容忽視

的製錶工藝。」

義大利國寶——寶格麗 Bulgari

　　寶格麗起源於希臘的愛彼羅斯（Epirus）區，一百多年前其家族的建立者，索帝里歐·寶格麗（Sotirio Bulgari）在此地使百年工藝起死回生，創造了珍貴的銀器雕刻飾品。1879年，索帝里歐·寶格麗舉家移民到義大利，先在那普勒斯（Naples）居住了數個月之後，便帶領家人遷移到羅馬安定下來。索帝里歐最初在Pincio上French Academy的門前販賣他所製造的銀器。之後，一位希臘商人將位在Via Sistina街上的店面櫥窗一角借給索帝里歐展示他的商品，於是，索帝里歐以其產品獨特的裝飾設計風格，在此走向他未來的成功之路。

　　數月之後，索帝里歐便自立門戶，在同一條街上開了他的第一家銀器店。1894年，他將店面遷移到Via Condotti 28號。之後，又於1905年將店遷移到Via dei Condotti 10號，並借用英國文豪狄更斯一本小說的書名，將店命名為 "Old Curiosity Shop"，以吸引來自英美的觀光客。在這段期間，索帝里歐考量每位顧客對飾品的不同需求，開始增加珠寶和銀飾的數量和款式，以提供客人多樣的選擇。由於羅馬的夏季是是銷售的淡季，索帝里歐決定進軍夏天的渡假區。而他在St. Mortiz的分店確實營運成功，於是接下來的數年間，其他的分店也陸續加入營運，且分別由其親屬經營管理。然而，經過一段時間，索帝里歐發覺若要在珠寶藝術和銀飾製造上精進，必須將分散的事業投注在同一個地方。於是，他開始將其事業專注於羅馬的店舖上。

二十世紀初的數十年對於索帝里歐的兒子們而言，是一個關鍵時期。喬吉奧·寶格麗 (Giorgio Bulgari) 和柯斯坦提諾·寶格麗 (Costantino Bulgari) 在這段期間培養出對於寶石和珠寶的熱忱，並跟其父親學習到做生意的訣竅，兄弟倆漸漸地在家族企業中，取代了其父親的角色。

1934年，索帝里歐過世後三個月，Via Condotti的店面重新翻修，擴大營業。嶄新的店面在1934年4月9號重新開幕，獲得極佳的好評。不論是新門市的外觀或是店內的裝潢，皆象徵著一本義大利知名百科全書Enciclopedia Treccani 中所記載的"negozio"的意思。接下來的二戰期間，正是寶格麗歷史中的一個重要轉捩點。因為在此期間，寶格麗的設計跳脫了法國學院派嚴謹的規範，融合希臘和羅馬古典主義的精髓，加入義大利文藝復興時期和19世紀羅馬金匠學派的形式，創造出寶格麗獨有的風格。

1970年代是寶格麗國際化里程的起始點，在此期間，寶格麗在紐約（寶格麗第一家海外門市）、巴黎、日內瓦和蒙地卡羅等地設立分店。至今，寶格麗已設立了175多家分店。從那時起，公司的總裁保羅·寶格麗（Paolo Bulgari）、副總裁尼可拉·寶格麗（Nicola Bulgari），連同公司的執行總裁，他們的姪子法蘭西斯科·特朗潘尼（Francesco Trapani），以恆久經營的政策，提供國際客戶更好的服務為宗旨，同時為追求完美品質的承諾，使寶格麗成為具藝術涵養的獨特珠寶品牌。同時在此期間，寶格麗也推出了Bvlgari-Bvlgari腕錶。這款腕錶之後成為寶格麗成功的經典腕錶系列。而Bulgari Time也於80年代，在瑞士Neuchatel成立，是設計製造及嚴格品質管制寶格麗所有腕錶系列產品的重鎮。

1990年代是寶格麗的另一轉捩點。寶格麗開始其多元化經營策略，推出香水、配件如絲巾，領帶及皮件等，並以holding company Bulgari S.p.A.在證券交易市場掛牌上市，將寶格麗更進一步推向國際化的範疇。今日的寶格麗致力於卓越大膽且當代的設計風格，其頂級的品質和獨特的設計款式，深受愛好高品質與獨特設計感的國際顧客所鑑賞。每件寶格麗產品都是由世界上最好的設計師和藝術家，在令人想起文藝復興的小工作室裡以關懷、專業和奉獻精神所完成的。每件創作品都是由直覺構想開始，用不同寶石的組合，以獨特建築設計背景或藝術歷史主題來發展。寶格麗同時也因其形狀和產品設計內涵所具有的創意而著名。它把屬於現代仕女的優雅和種種生活方式表露無遺。

寶格麗風格不拘泥於傳統文化，它不再只用單純的寶石搭配金屬來呈現，它所設計的珠寶是不斷的創新和激發不同風格、設計和素材所表達的成果，這使得寶格麗特別適用於現代女性。本世紀初期，珠寶界流行法式風潮，不論主題和材料都經過特別挑選，但到1940年間，寶格麗打破了這項傳統限制，而創造出風格獨具的珠寶銀器，其後的五十年間，這項風格慢慢的建立了起來，並贏得世界性的口碑，它最著名的創新做法是將多種顏色的寶石組合搭配，以及善用不同材質的風格。

寶格麗風格的演變淵遠流長而且複雜，於今日寶格麗風格的歷史中，它一直偏愛傳統希臘美學與典型義大利品味的作品，於現今重新發掘，重新賦予文藝復興時期羅馬工匠手藝和十九世紀羅馬派金匠藝術新的詮釋。舉例來說，寶格麗將古老的"ARCHAEOLOGICAL"錢幣引進現代珠寶製造。1950年間，寶格麗是第一個以白金取代純金來作高價位珠寶底座的品

牌，並開始使用半寶石於高價位的珠寶飾品中來表現特別的色彩效果。其次，寶格麗也將
"CABOCHON"蛋面切割的方法，最先引入歐洲，在當時的傳統派潮流中，不啻是一大革命。
寶格麗還於十九世紀創先將 "TUBOGAS"氣管式設計的技巧運用在珠寶上。寶格麗的另一傳
統特色則是將典型的珍貴材料混合其它罕見的材料，比方說，赤鐵礦（Hematite）或珍珠
母貝（Mother-of-Pearl），以及不鏽鋼（Steel）和其它珍貴的傳統金屬（Precious Metal）
的搭配等。寶格麗的風格不懼潮流，它永遠能與時代同步；事實上它還激發了新的創意和
趨勢，深深影響了現代珠寶的風格。

最會說故事的傳奇品牌──卡地亞 Cartier

　　素有「皇帝的珠寶商，珠寶商的皇帝」美譽的卡地亞隸屬全球最大精品集團──歷峰集
團旗下，自1847年由路易法蘭梭卡地亞（Louis-Franèois Cartier）成立以來，設計過的
頂級珠寶不計其數，而每一串項鍊、每一只胸針，其中都蘊藏了許多士紳名媛的動人故
事。卡地亞早期「花環風格」Garland Style的珠寶設計，與歐洲王室有著密切的關係。當
時王公貴族皆是卡地亞的忠實顧客，例如：比利時伊莉莎白皇后所配戴的白金鑲鑽皇冠、
穆罕默德阿加可汗三世爵士的第三位夫人安迪亞公主的埃及蓮花圖案頭冠，以及邱吉爾爵
士夫人在1953年參加英國女王伊莉莎白二世加冕典禮時頭上所戴的精緻髮冠，均是委託卡
地亞設計的。

　　在卡地亞的名人愛情故事中，最為人津津樂道的就是溫莎公爵與其夫人的世紀之戀。
「不愛江山愛美人」的溫莎公爵一向喜愛贈送夫人珠寶以表達愛意。著名的「火鶴」胸針就

是他在1940年委託卡地亞設計的。溫莎公爵夫人還有另一件著名的珠寶——豹形Panther胸針，鑲鑽的花豹配上一顆152.35克拉的藍寶石，這是對愛最昂貴的表達，而溫莎公爵夫人也無疑成為了卡地亞美洲豹珠寶的大使。這只胸針於1987年由卡地亞在拍賣會場上以154萬法郎購回後，驚人的高價還引起全球廠商競相模仿豹形胸針。之後卡地亞所研發的一系列美洲豹系列商品皆廣受歡迎，成為卡地亞最具代表的系列之一，這位大使的浪漫愛情故事可謂居功厥偉。

還記得伊莉莎白泰勒和李察波頓分分合合的愛情故事嗎？李察波頓喜歡購買珍貴的珠寶贈送玉婆。1969年，他曾在拍賣會上買下一顆歷史久遠的名貴珍珠，並指定交由卡地亞設計。之後，李察波頓又在拍賣會場上對一顆重達70克拉的梨形鑽感到興趣，但同時與之競標的還有卡地亞公司及船王歐納西斯。最後得標的是卡地亞，但卡地亞隨後就把這顆偌大的鑽石轉賣給了深情款款的李察波頓。這顆當時轟動一時的名鑽被命名為「泰勒─波頓鑽石」。泰勒後來委託卡地亞設計成項鍊後，還戴著它參加摩洛哥王妃葛麗絲凱麗的生日宴會，再次引起話題。

讓女人更愛自己──仙黛爾 Chantelle

內衣可以算是時尚的行業嗎？對於其他品牌來說可能不是，但對於每一季不斷開發新款式、新色彩的法國仙黛爾來說，它不但是時尚的行業，更是時尚的開創者！仙黛爾進駐台灣五年，每年營業額均以2位數字成長，在內衣界創造殺出重圍的奇蹟。仙黛爾如何成為全世界女人寵愛自己的第一選擇？如何在台灣各大內衣品牌出現負成長的惡劣景氣中依舊保

持優勢，創造億元年營業額？這絕對是一個值得一窺究竟的有趣品牌。

仙黛爾的歷史要追溯至1876年Gamichon先生創辦公司說起。早期Gamichom公司以紡織材料的研發工業起家，後來因其侄Kretz先生的加入，而逐漸以彈性布料與織品類產品聞名世界，成為當時頂尖的製造商。二十世紀初，Kretz領導的公司將彈性布料應用在緊身胸衣及束褲上，於1948年推出一款標榜「絕不會往上滑動」的新材質束褲，並正式以「仙黛爾Chantelle」為品牌名稱。仙黛爾束褲一上市即廣受消費者喜愛，並佔據了全法國束褲市場20%以上的銷售量，仙黛爾也漸漸地建立其品牌知名度。

隨著潮流時代變遷，仙黛爾開始投入胸罩製造的市場，1960年推出的一款Fete系列專門針對大尺寸的女性設計，強調舒適的剪裁與精緻的蕾絲大受歡迎，至今仍然是許多豐滿女性的唯一選擇，成為史上生命週期最長的內衣商品之一，而那一台專為Fete研發的蕾絲機從1960年至今，仍然為了眾多需要這款內衣的女性們而持續運轉著；1970年，仙黛爾首度推出以Calais蕾絲設計製成的「節慶」系列胸罩，甫一上市即一鳴驚人，成功締造銷售佳績。自此之後，仙黛爾致力於研發更舒適、更美麗的女性內衣產品，寵愛全世界的女性。全世界每天有超過兩千五百名仙黛爾員工同心生產四萬件以上的內衣行銷至全世界，無論是Daily Use、Functional或Seduction系列，都將女性的美妝扮得更有自信。

「品質」對於歷史悠久的仙黛爾而言，具有特殊意義。就因為堅持與貫徹這兩個字，讓仙黛爾可以歷經百年成長，更以高品質的形象深入世界人心。仙黛爾對品質的基本要求，就

是達到合身、舒適、美觀、並使穿者滿意等四大目的。從選擇質料開始就嚴格測試，每一吋布料都經過多次洗滌與拉力、張力等實驗，每一個生產步驟，都由專家進行嚴格的品質管制，各種階段的測試多達四十次以上，仙黛爾將這個過程稱之為「dress rehearsal」，意即有如表演者登台之前的著裝彩排。對仙黛爾來說，仙黛爾的內衣不只是衣服，而是一件值得放在玻璃櫥窗內，打上精緻燈光，細細鑑賞的精品。

　　仙黛爾除了在材質及設計上會因時地異而有不同外，設計上也特別注重蕾絲的運用，成為該品牌最大的特色之一。尤其在肩帶部份，更會做一些特殊的裝飾，滾上精緻小蕾絲或乾脆用昂貴縷空蕾絲來製作，所以即使不小心露出內衣肩帶，也別有性感風情，因而在時尚界帶起了內衣外穿的風潮。

　　國際巨星如：莎朗史東、依麗莎伯蘇、凡妮莎威廉斯、席琳迪翁、吉娜戴維絲等都是仙黛爾的愛用者，其中莎朗史東更在美國某雜誌的專訪中談到對仙黛爾的眷戀與喜愛。2001年，美國紅翻天的偶像歌手小甜甜布蘭妮在新專輯的宣傳海報中，成熟性感的造型令全球歌迷眼睛一亮，其中她大膽展露的漂亮內衣正是仙黛爾當季的最新款式。一向具有引領流行魅力的她，此舉一出，等於向全世界宣告：仙黛爾就是時尚！

極緻經典的格紋──DAKS

歷久不衰的經典

　　由Simeon Simpson 創立的DAKS品牌，從1894年起，在倫敦東邊的懷特查波開了第一間工

廠，提供當時紳士名流高級手工訂製服。Simeon Simpson以講究的用料、精緻的縫工，打響了Simpson在男性時裝的知名度。在1929年經濟大恐慌的時代，Simpson 的工廠仍然維持兩千多人的規模，這在當時來說，顯得十分難能可貴，也由此可知，DAKS的驚人魅力。

當Simpson公司在取得男性時裝大獲全勝的同時，也開始思考品牌的發展。他們以象徵慈愛的DADDY加上SLACK兩個字組合成為DAKS品牌，從1930年開始，DAKS這個名字，不斷的在時裝界創造出新的話題，而其中最有名的，就是1934年DAKS所推出的SLACKSPANTS。

引領潮流的設計

1934年，一向不能缺少皮帶和吊帶的英國紳士長褲，起了重大改變。DAKS的設計師突發奇想，首度將鬆緊帶縫入長褲，製造出全世界第一條Beltless的長褲，並且將其命名為SLACKSPANTS。這一款褲子即使沒有皮帶，也不會鬆脫掉落，免去了男士以往的尷尬，也讓拘謹的英國紳士在行動上更為收放自如。這項產品不但是當年轟動一時的創舉，也讓DAKS確立了在男裝品牌的領導地位。

除此之外，DAKS還打破了關於顏色和素材的限制，顛覆一般人印象中法蘭絨只能呈現灰色這樣的刻板觀念。DAKS的設計師們利用各種可能的素材，選取了多達五十幾種顏色，為原本灰暗單調的男性西服重新注入活力，終結男性西服的灰色時代。

來自皇室的肯定

除了西服，DAKS的休閒服裝和體育服飾也在市場上大放異彩，也深獲好評。不但在1930

年代，就成為英國皇家板球、網球及高爾夫球國家代表隊的指定服裝，代表國家出席各種體育競賽，並且，由於它舒適好穿的特性，適合戰爭期間各種緊急狀況，所以在二次世界大戰期間，英國政府特別欽點DAKS成為英國軍服及公務員制服的供應商。這些榮譽，不但讓DAKS的名聲達到高峰，同時，DAKS也在縝密的規劃下，打算投入女裝市場。

　　1937年，DAKS以在男裝製造的經驗技術為基礎，進入了女性時裝領域，推出一系列能夠強調優雅舒適的女性外套、裙子、大衣，及各種精緻配件。這樣的改變，讓「DAKS」由單純的男裝製造廠，蛻變為精品的代名詞，無論是DAKS的帽子、領帶、圍巾，毛衣，女性提包和皮鞋等，在在都流露一股優雅的獨特英國風。這樣的特質也深受英國皇室喜愛。在1956年，首次由愛丁堡公爵授與皇室勳章，又分別在1962年和1982年，由伊麗莎白女王和查爾斯王子頒贈皇家徽章。DAKS連續獲得三個皇室勳章，這項光榮的紀錄，至今沒有其他服飾品牌能夠超越。而DAKS的經典格紋，也隨著皇家印象，深深烙印在消費者的心裡，成為高雅的代名詞。

極致優雅的格紋

　　DAKS的經典格紋是由全世界最奢侈的駱駝纖維和鮮明的色彩所構成。在DAKS所推出的十種顏色不同的格紋，無論是應用在服裝上、配件上，或是雨傘、絲巾等周邊商品，都能展現出一種與眾不同的特殊風情，也受到時尚界的歡迎與肯定。無論是在英國、日本或歐洲，消費者都認為將DAKS的經典格紋穿上身，彷彿就成為一種優雅、高尚的代表，也難怪他們會對DAKS情有獨鍾，愛不釋手了。

進入二十一世紀，DAKS除了原本的服飾風格之外，還企圖將年輕時尚的風格融入經典情懷中，最具體的展現就是全新品牌LOGO視覺的翻新及加入了設計師新血輪──Anthony Cuthbertson和 Bruce Montgomery，塑造新世代時尚男女雅致且悠閒的獨特品味。在持續110年歷久彌新的經典格紋之外，也期待引領DAKS這個經典名牌，繼續在時尚舞台上，大展風華。

開啓彩妝界的新視野──伊莉莎伯雅頓 Elizabeth Arden

「時空膠囊」，您一定聽過吧？一個飛碟狀的透明盒子裡裝著一粒粒膠囊型的美容劑，就像外星人送來的高科技禮物。1990年，伊莉莎伯雅頓的「時空膠囊」美容系列甫一上市，立即廣受全球消費者歡迎。它的包裝擺脫當時化妝品講究「唯美」的傳統，飛碟的造型與先進的科學抗老護膚技術，促使該系列上市沒多久，就成為史上單一最成功的產品及全球知名的時空科技。不過，您可知道，如今這個享譽全球的美容界翹楚，它的創辦人─伊莉莎伯雅頓女士，當年曾經險些因為「妨礙鄰居」的罪名而被判入獄？

加拿大出生的伊莉莎伯雅頓女士原為一名護士，為了尋找另一個新的事業，於1908年隻身前往紐約，在施貴寶Squibb製藥公司擔任計帳員。在施貴寶製藥公司的實驗室，她漸漸地對產品研發感到興趣，並激發了她將此興趣與護理專業知識結合的熱情。由於這股熱情，驅使她買下了許多的實驗器材與化學原料，在家中自行研發各種美容試劑，並且認真的將每一次的試驗結果紀錄下來。某一天午后，年輕的伊莉莎伯雅頓又在測試新的配方，怎料溶劑混合的瞬間，竟然砰的一聲巨響，燒杯立刻破裂。好在爆炸的威力不大，沒有造

成太大的損傷，但是爆炸所產生的惡臭卻是怎麼樣也揮之不去，情急之下，雅頓女士只好打開所有的門窗透氣，爛雞蛋一般的惡臭也因此傳遍了左鄰右舍。鄰居們早就知道附近住著一個「奇怪的女孩」，也一直堤防著她的試驗室，面對迎面而來的惡臭，大家又害怕又生氣，決心不再縱容，要將之移送法辦。後來，經過伊莉莎伯雅頓一再陪不是，再三保證刺鼻的氣味絕對無害於人體，而且答應以後不在社區內做實驗，才總算平息了這場糾紛；年輕的亞頓女士雖然受了這次教訓，但是她的企圖心並沒有被澆熄，於是她轉而在護理面部的美容沙龍中工作。兩年之內（1910年），雅頓小姐在紐約最著名的第五大道上開設自己的沙龍，並且選擇了鮮豔的紅色作為大門。從此，紅門Red Door就成為伊莉莎伯雅頓著名的商標。

以「紅門」為標誌，伊莉莎伯雅頓在後來的幾十年，陸續成功地於美國及世界各地開設美容沙龍。沙龍提供全系列美容護理，以最先進的美容科技讓皮膚護理和保養品被美國及其他地區女性所接受，其中更不乏知名的影星及社會名流。在產品研發、促銷活動及包裝上的革新，雅頓女士持續在其沙龍及零售點不斷介紹她驚人的護膚配方及最時髦的彩妝給婦女們，直至其歿於1966年10月。當時雅頓化妝品公司在全球已有17家分公司及40個沙龍，每年6000萬美金的營業額，帶動著美國美容工業的發展。在深入研究彩妝及保養品之餘，伊莉莎伯雅頓也成功地擴展其產品線至尊貴的香水領域。

1989年伊莉莎伯雅頓推出著名的「紅門香水」，其命名是以著名的沙龍紅門捕捉伊莉莎伯雅頓的魅力、優雅及傳奇。1991年，空前成功地銷售出伊莉莎白泰勒Elizabeth Taylor白

鑽香水White Diamonds，此香水為該年度上市香水銷售的第一名，五年後更成為全球性史無前例的賣座香水。1993年是伊莉莎伯雅頓香水特別忙碌及成功的一年，已經建立相當知名度的白鑽香水White Diamonds，緊接著又推出以伊莉莎白泰勒為名的三支香水，命名為彩鑽香水系列，此系列包含：綠寶、紅寶及藍寶香水，每一種皆有獨特風格之香味。

同一年又上市了Sunflowers香水，一種清淡、明亮的香氛，將香水推展至一新的方向，在上市的頭一個月即被Glamour雜誌評為最受歡迎香水的前十名，經過幾年的銷售，Sunflowers風潮持續不斷，在1995年被廣告年代雜誌Advertisement Age評價為全美前100名成功香水。1996秋天，伊莉莎伯雅頓上市第五大道香水，代表全新的現代新形象，此形象由超級模特兒安珀凡妮塔Amber Valletta代言，由她演繹出雅頓高貴、永恆、優雅的形象，可謂伊莉莎伯雅頓傳統風格的現代化。

由香水工業贊助的香水基金會曾頒發著名的Fifi獎予伊莉莎伯雅頓，此獎項的地位等同於香水界中的奧斯卡金像獎。幾乎所有伊莉莎伯雅頓上市的香水，包括：Chloe、KL、Fendi、Red Door、Lagerfeld Photo、White Diamonds、Vendetta Pour Homme和Sunflowers都獲得Fifi獎的肯定。雅頓女士的一生有數不盡的榮耀，1990年初她被Life雜誌評定為「20世紀最重要的美國人」之一，其建立的雅頓公司現今仍持續運作著她一手創造的傳奇。傳統中融合科技、優雅中兼容創新，在將近九十年的歲月裡，「伊莉莎伯雅頓」代表著「世界上最美好的事物」。

全球少數碩果僅存的專業製錶──芝柏錶 Girard-Perregaus

芝柏錶總廠座落於瑞士西部Neuchatel省的拉紹德芳（La Chaux-de-Fonds），自1791年成立迄今已有211年的歷史，是瑞士少數具有悠久歷史的頂級獨立的專業製錶廠。芝柏錶創始人Jean-Francois Bautte生於日內瓦的勞工家庭，其在幼年就成了孤兒。12歲時Bautte便拜師學藝，由最初級的製造錶殼、車工、珠寶鑲嵌學起，奠定了他日後在製錶功夫上紮實的基礎，Bautte在19歲時便打造了第一只刻有自己名號的鐘錶，並在日內瓦設廠生產，這項成就種下日後芝柏錶廠誕生的種子。

兩年之後，Bautte與昔日雇主Jacques Dauphin Moulinier結合成為事業夥伴。敏銳富創意的Bautte，很快的就在鐘錶市場上嶄露頭角，並逐步登上日內瓦鐘錶大師級行列。Bautte打破了家庭製錶工業的傳統，將工廠擴展成為當時最大的製錶中心，量產的鐘錶繁榮了當時的鐘錶市場。他並開發出一套現代化的管理方式，設立工業化的製造設備並與歐洲大陸建立了良好的業務關係。1820年代，Bautte的工廠已慢慢的擴展到擁有300名員工的規模，能打造各式複雜的機蕊，包括Automata（人偶造型設計）和珠寶雕琢及面盤製造的全方位錶廠。

1837年Bautte逝世。他的兒子Jacques Bautte和女婿Jean-Samuel Rossel共同成立了Jean-Francois Bautte公司來繼承他的事業。Bautte在鐘錶工藝的貢獻與創舉由他的子孫繼續發揚光大。1854年，Bautte的後代繼承人Constant Girard在拉紹德芳成立Girard錶廠，後來與當地錶匠的女兒Marie Perregaux結為夫妻，並採用夫妻倆人的姓氏，在1856年

將錶廠名稱改為Girard-Perregaux，這個名稱便沿用至今。經歷二百多年的GP芝柏錶廠，在西元1989年由Mr.Luigi Macaluso正式接掌擔任GP芝柏錶的總裁。1991年成立Sowind集團，成為涵蓋製造與銷售服務的專業鐘錶集團。目前就GP而言，有近250名本地員工，涵蓋50名散佈於義大利、日本及美國，市場遍及五大洲40個地區。研發部門是GP芝柏錶的靈魂所在，每年都有精采的錶款問世，專責設計各式複雜機械機芯，包括萬年曆、響鈴錶、追針計時碼錶、陀飛輪及三問錶等。西元2000年，GP以其獨到的市場眼光發表GP3080女用小馬錶系列，鏤空的面盤、個性的32mm尺寸、專業的導柱輪馬錶計時功能，引爆了女性鐘錶時尚的美學新概念，使得各家品牌陸續跟進，造就了目前女用馬錶市場崢嶸的局面，再再顯示GP專業的研發實力與頂級品牌的領導地位。

　　為展示芝柏錶傲人的歷史與豐富的珍藏品，實踐芝柏錶現任總裁路奇.馬卡路索（Dr. Luigi Macaluso）對芝柏經營理念的執著與堅持，在瑞士拉紹德芳鎮郊芝柏錶廠的後山，芝柏錶集結了近212年來自芝柏鐘錶精密的工藝技術與美學歷史，建立了「La Villa Marguerite鐘錶博物館」。館內豐富的演出，不僅珍藏芝柏兩百多年來製錶的精髓，更完整呈現出整個瑞士鐘錶業的演進與精華。芝柏的每一位技師不僅以博物館為榮，也以博物館的存在，當作孜孜不倦努力的奮鬥目標，即使無法超越前人的成就，也必將最好的技藝發揚光大，這也是芝柏能以獨立品牌立足瑞士鐘錶界，揚名全世界的主要原因。

縱橫時間的騎士──愛馬仕鐘錶 Hermēs

　　在精品界，有一個值得景仰的法國老品牌──愛馬仕，它的LOGO是一匹馬拉著馬車，樣

式不但特別，更具有紀念價值。愛馬仕商標的靈感所在，是畫家德雷的名畫，雙人座的四輪馬車，由主人親自駕馭，馬童隨侍於車旁。意思是說「愛馬仕所提供的雖然是一流的商品，但是如何能顯現出商品的特色，端看消費者自己」。時至今日，愛馬仕的LOGO更時時提醒世人愛馬仕以製作馬具起家的悠遠歷史及精良的工藝技術。在愛馬仕製錶中心的落地玻璃窗讓瑞士鄉間的寧靜之美一覽無遺，位於中庭中央一株莊嚴的棕櫚樹恰如回應這寧靜一般，似乎在提醒製錶工與精密儀器的工匠們，勿忘過往歲月與祖傳回憶。三樓則有一尊由動感藝術家君特海斯Gunther Hase所製作的雕像，是一株由數百個腕錶零件組合而成的樹，稍踩一步，樹便跟著震動，好似這時間之屋裡一位警醒的計時員。愛馬仕是如何通過時間的考驗，在超過165年的時光淬煉裡成長茁壯，成為家喻戶曉的品牌？

1837年，狄耶里愛馬仕Thierry Hermès以馬具工房起家，創立了他的馬具製造公司，歷經五代的傳承，秉持追求傳統品質的一貫精神，終於成功地建立了愛馬仕集團王國。本世紀初，隨著汽車問世，馬車逐漸遭到淘汰的命運，因此Thierry Hermès之子Charles-Emile Hermès及Adolphe即決定將產品走向多元化，推出皮件系列和「馬鞍針步」的行李箱，將馬具的設計延伸到其他產品，創造了愛馬仕精神的嶄新風格。

1930年代，愛馬仕遭逢經濟大恐慌，面對全球消費力日漸下降，便推出較低價位的絲巾，結果安然度過經營的危機，之後更突破新的絹印技術，使愛馬仕的絲巾成為最受歡迎的商品之一，值得一提的是，每一條愛馬仕絲巾的背後都有它的故事，例如第一條就是「乘坐公共馬車的婦人」，其他的主題還有馬具、刀劍、寶飾、獸圖等。1776年，美國白宮

特地定製了一條以建國200年為主題的絲巾，可見愛馬仕絲巾廣受全世界歡迎的程度。60年代起，愛馬仕第五代繼承人在20年的時間內陸續推出了香水、領帶、西裝、鞋飾、沐浴巾、瓷器、珠寶、男女服飾等新商品，使愛馬仕邁向全方位的成功。

二次大戰結束後，全球經濟再度蓬勃發展，當時著名的電影明星——英格麗包曼、葛麗絲凱莉，還有知名的甘迺迪總統夫人賈桂琳等都是愛馬仕的愛用者。葛麗絲凱莉更在名聲鼎盛時下嫁摩那哥國王成為王妃，愛馬仕將產品中一款最暢銷的手提包命名為「凱莉包」，就是為紀念王妃而誕生的。

1978年，愛馬仕家族第五代的Jean-Louis Drum-Hermès就任集團主席兼行政總裁，他開發了手錶和桌飾系列等新商品，賦予愛馬仕新穎素材，並注入新的氣息。同時，他亦積極發展多元的銷售點，建立世界性的銷售網。今日，愛馬仕體系由三個部分構成，分別為Hermès Sellier皮革用品，La Montre Hermès手錶及Hermès Parfums香水，並在全世界設有分公司。

愛馬仕卓越的製錶專業要追溯至1920年代，當時該公司開始將它在皮革業與製馬鞍業長久的經驗與知識運用在製錶工業精緻的縫製皮革錶帶上，完美地呈現這些獨特「計時器」的價值。多年來，愛馬仕一直在販售由最優越的製錶工廠所設計生產的腕錶，直到1978年，愛馬仕在瑞士的伯恩Bern建立自己的製錶廠—愛馬仕製錶公司為止。自此，愛馬仕開始在自家的工作坊製造腕錶。每一只愛馬仕的手錶都結合了製作馬具的堅持與鐘錶的精密

技術，例如Harnais是愛馬仕錶款中最重要的產品之一。Harnais的命名是起源它和馬兒們的緣分。此款式令人回想起馬鞍上的一個要件——the back band，馬兒和主人通常都繫上印有盾行紋章的徽章。在1950年代Hermès錶製造之初，它的錶殼就像顆渾然天成的寶石般鑲在皮錶帶上，Hermès的匠師在一條錶帶的製作上耗時18個月，從原始創作概念一直到特別修飾過的設計，都在工廠中秘密地進行著，而製作各種不同厚度的皮革錶帶而又需保有其柔軟性，是其所面臨的最大挑戰。每一條"Harnais"錶帶都用亞麻線予以縫邊，純手工的縫製將Harnais的錶帶本身昇華為純熟技術的最佳典範代表。

跨越百年世紀——瑞士積家錶 Jaeger-LeCoultre

　　早於16世紀，法國基督教新教徒為逃避宗教迫害，隱居於人跡稀少的Vallee de Joux裡，一面堅守信仰，一面發展工藝技術。時至今日，Vallee de Joux已被公認為鐘錶藝術的發源地，出產各種著名鐘錶。LeCoultre家族，憑著不屈不撓的精神與無窮創意，於1833年在Le Sentier市鎮創立手工工廠，開展了積家鐘錶製造的光輝歷史。

　　30歲時，Antoine離開家族工廠，與其兄Ulysse於家鄉另設工廠，生產鐘錶齒輪裝置，並憑著滿腔熱誠及機械工程方面的才能，積極研究嶄新的製造工序及方法。在Antoine力求創新下，工廠不但生產鐘錶坯件與精密機件，它的規模不斷擴展，於1860年僱員超過100名，主力生產錶殼及精密零件。直至1890年，工廠已推出了125款不同設計的鐘錶機芯，成績驕人。1903年，Jacques-David與法國精密航海計時器製造商Edmond Jaeger合作，建立Jaeger-LeCoultre積家鐘錶廠，不但繼承Antoine LeCoultre的創業精神，更致力提升鐘錶

廠名聲。一向以獨立精神為指導，自1833年，積家擁有的鐘錶設計專利多達一百多項，成為瑞士名錶典範。其後，Antoine LeCoultre的繼承人延續他的創作精神，積極發展，自1833年起，公司已擁有百多款設計專利。在短短數十年，LeCoultre & Co.已被公認為業內翹楚，不斷研製複雜精密的腕錶機芯，領導鐘錶製造路向。直至1890年，公司已推出了125款不同設計的鐘錶機芯；更於1903年，首次推出全世界最薄（僅1.38毫米厚）的懷錶機芯，震撼整個鐘錶界，記錄至今仍未被打破。往後其他經典超薄機芯裝置相繼創製而成，包括分別裝置於計時器及三問錶內厚2.8毫米及2.7毫米的機芯。

隨著時代變遷，腕錶逐漸取替懷錶的地位，正為積家開闢創作的新方向。1925年，積家創製雙層長方形Duoplan機芯，融匯Art Deco藝術精萃，兩者配合得天衣無縫；其後於1929年推出的積家101微型機芯，則至今仍是全球最微型的機械機芯裝置。

積家致力創作的精神，為鐘錶界掀起一浪接一浪的驚喜。1928年，革命性的設計——Atmos空氣鐘隆重面世，只靠空氣中溫度的輕微變化作為能源推動運行，精密至極。1931年，積家創製出Reverso經典腕錶系列，享譽國際，設計獨特，充份流露Art Deco的藝術神韻，昂然進入粉飾機芯的新時代。

五、六十年代，積家推出一系列的嶄新腕錶，包括配備通過瑞士官方檢測的"Geomatic"及具防磁效能的"Geophysic"。1953年，"Futurematic"內置經典積家497自動上鏈機芯，不設上鏈錶冠，開創先河。1956年，積家推出的Memovox，更成為首枚自動響鬧腕錶。

1980年開始，「石英年代」來臨，差點兒扼殺機械腕錶的生存空間，但憑著積家不斷創新的精神，屢放異彩，帶來一連串創研鐘錶的輝煌成果，震動全球。

養殖珍珠之父，永遠的真珠王──MIKIMOTO

珍珠在十八世紀時期為皇室貴族、富豪明星的專利，稀有又昂貴的珍珠，是一般平民庶人們，無權也無力購買的，但時代改變，文明所帶來的財富，讓人們的貴賤差異日漸縮小，以往奢侈的飾品，只要負擔得起，人人都可擁有，也因此對於天然珠寶的需求量與日俱增，在全球各地的沿海區域出現專門生產珍珠的港區，如日本的志摩半島所生產的"伊勢真珠"就是日本國寶級的天然的真珠。但天然真珠的形成的速度遠不及激增的需求量，許多珠蚌商濫採珠蚌的結果，使珠蚌面臨絕種的危機，此時一位在海港工作的珠蚌商──御木本開始呼籲要保護珠蚌，更以實際行動做有計畫地採集真珠。

耗時十五年，御木本成功養殖出正圓真珠

1888年，御木本在志摩島的一個小海口處開設了第一個真珠繁殖場，憑著一股熱忱和決心，全心投入人工培養真珠的研究計畫，御木本每天勤奮地觀察天然真珠的生長過程，探究蚌的生命，並向海洋生物學家MITSUKURI請益，天然真珠是因有外來異物進入蚌體，蚌會盡力將之排出，若無法排出，為了保護自己，就會不斷地分泌「真珠母」的物質，將客體層層包住，經年累月之後，外來異物成了核心，真珠母層不斷地的增厚，就形成渾圓的真珠。對於這套真珠成形的理論，御木本信心大增，便開始著手進入人工養殖真珠的工作。

在自已開設的養殖場裡，以人工的方式植入於蚌體中，再將蚌體放置於竹籃裡並浸入海中，MIKIMOTO深深了解「真珠母」需要時間去形成是急不得的，這是一條耗時和極需耐心的漫長道路，一次又一次的試驗，承受著一切壓力和嘲諷，歷經了五年的時間，終於在1893年成功培殖了第一個養殖真珠，雖然只有一半，但這樣的成果是生化學上的一大突破，也算是種奇蹟了，終在1896年的1月27日，這顆半珠得到了日本的專利權。

半珠的成功，給了御木本極大的鼓舞，但一顆圓潤的真珠才是最終的目標，御木本擴大研究計畫，歷經了多次的失敗，更在1905年遇上了恐怖的紅潮，八十五萬個蚌體在一夜之間全部死去，但幸吉先生從不放棄，把自已和八十五萬個死去的蚌體關在養殖廠裡，將所有蚌殼一一打開，日夜不休，數日後終於發現了一顆完整正圓，光彩奪目的真珠，多年的努力，總算有了成果。在1908年，MIKIMOTO的養珠技術得到了日本的專利權。

永遠堅持高品質 終得「真珠王」美名

人工養殖真珠的成功，刺激了短視近利且不顧自然生態的珠寶商，他們深恐這種量產的真珠上市，將影響珍珠的的市場行情，於是抨擊「日本養珠」的聲浪開始漫延。為了證明自已所出產的真珠的品質和天然真珠一樣珍貴，幸吉先生選擇了當時對外貿易最繁忙的港都神戶商會門口，將不合格高標準的真珠全部燒毀，以行動證明，MIKIMOTO的真珠都是最高品質。事實上，養珠除了核心外物是以「人工的方式植入」，此外和天然的真珠並無不同，過程繁複費時，並不如一般人想像地簡單，而且養殖真珠的成功率通常只有2%，再加上高標準的品管控制，MIKIMOTO的真珠，都是萬中選一的優質真珠。

高品質的堅持，在1924年，MIKIMOTO得到了日本最高榮譽MIKIMOTO成為日本皇室指定的御用首飾店。1927年，幸吉先生在美洽公時，在偶然的機會下拜訪了發明大王愛迪生，兩人晤談甚歡，愛迪生握著御木本送給他的一顆真珠說：「這不是什麼養珠，這是一顆實實在在的真珠。我的實驗室做不出來的東西只有兩樣：鑽石和真珠，你卻已經做出了一樣。」1954年，御木本辭世，日本政府追頒日本一等榮譽獎章來讚許他一生的貢獻，以「真珠王」的頭銜尊稱御木本幸吉先生。

觸角延伸 MIKIMOTO力求國際化

養殖真珠成功後，幸吉先生深思熟慮，「養珠業」是珠寶的最下游，要讓更多人喜愛真珠的潔淨光澤，珠寶設計才是最重要的環節，於是不惜資本遣人赴歐學習珠寶設計工藝，於1907年在日本開設了全國第一家的首飾工作室，從此，御木本的真珠事業有了一套完整的運作系統：原料、設計、生產、銷售相互配合。在日本奠下紮實的基礎後，MIKIMOTO知道天然真珠的產量年年遞減，人工養殖真珠的市場將愈顯重要，身為一個「創造家」，幸吉先生開始積極參與國際展覽活動，向世界各地的學者，珠寶商分享他多年來的成果，在1911年，御木本海外第一家分店在倫敦開幕，接著上海、紐約、巴黎、洛杉磯、芝加哥、舊金山、北京、孟買等世界各大城市中，都有MIKIMOTO的分店。

MIKIMOTO的珠寶是御木本幸吉先生對真珠的執著，對高品質的堅持，對完美的追求，希望以真珠的潔淨光澤，輝映出女性無限的光芒。

六角白星傳奇——萬寶龍 MontBlanc

　　以生產名筆精品聞名於世的德國品牌——萬寶龍MontBlanc隸屬全球最大精品集團—歷峰集團旗下，MontBlanc原意為歐洲第一高峰白朗峰，獨特醒目的六角白星就像白朗峰上純淨高貴的白雪。萬寶龍的創辦人Mr. Claus-Johannes Voss於1913年一次越過白朗峰的商務旅途中，深為白朗峰的巍峨高聳所震懾，即以白朗峰Mont Blanc為公司命名，並創造六角白星標誌，象徵積著白雪的白朗峰。如今萬寶龍行銷全世界的產品，都綴飾著這顆著名的六角白星，隱約得見白朗峰的皚皚白雪，正是紀念90年前一次與白朗峰邂逅的傳奇，也象徵歐洲第一高峰般的傳承工藝極致。並且，在每一隻萬寶龍的鋼筆筆尖上均鏤刻有4810的數字，標示出白朗峰海拔4810公尺傲人的高度，亦時時提醒自己對於每一支精筆高標準的品質要求。

　　1924年萬寶龍推出了「Meisterstck經典之作」系列筆款，時至今日，此系列筆款依然循著當時的原創設計，而且依然是萬寶龍最富盛名、歷久不衰的名筆系列之一。萬寶龍鋼筆的筆尖，須投注無數的心血智慧，經過一百多個步驟，純手工精製而成。每一支筆皆以最昂貴的白金系列金屬—「銥」處理，使每一件筆品都如藝術品般的珍貴。堅持工藝極致傳承，萬寶龍於1997年以「Meisterstck腕錶系列」進軍錶界，在追求迅速、功利的趨勢中，獨有萬寶龍堅持「輕緩腳步，盡享時間」(deceleration) 的製錶哲學，這種洞悉世事、睿智豁達的人生態度，反映出Meisterstck腕錶的設計理念，也顯示萬寶龍典雅獨特的設計美學。

由於筆與人們生活密切且重要的關係，多年來萬寶龍對文化與藝術的贊助一直不遺餘力，作為一個致力於提倡「書寫藝術」的品牌，萬寶龍始終堅信文化與藝術是淨化心靈、提升生活內涵，進而帶給人類和平的一股力量。

　　自1925年開始萬寶龍即大力贊助如：Joachhim Ringelnatz等許多藝術家、作家及畫家，1987年萬寶龍因在英國推廣藝術活動，獲英國查爾斯王子親自頒發「Association for Business Sponsorship of the Art」大獎。1991年萬寶龍成立了「MontBlanc de la culture」國際藝術大獎，以表揚對贊助、推廣文化有傑出貢獻的個人及團體，並捐贈15,000歐元的獎金贊助每一位得獎者推動的計劃。自1992年迄今國際藝術大獎已在十個國家或地區頒獎，台灣地區則爭取到公元2000年藝術大獎頒獎典禮，並將榮耀頒給台灣小鎮醫生—新港文教基金會董事長陳錦煌先生，肯定他在推廣文化藝術工作上的付出，意義非凡。

　　萬寶龍多年來以實際行動回饋文化藝術活動，也同樣從藝術文化中得到了豐沛的設計泉源，而推出「藝術家贊助系列」、「文學家系列」、「帝王系列」等限量筆款，例如：2000年推出指揮家曼紐因限量筆、2001年推出音樂家巴哈與文學家狄更斯限量筆、2002年的實業家卡內基限量筆、2003年的科學家哥白尼限量筆等，均為藝術與商品的完美結合，深受全球收藏家的喜愛。

　　自1996年起，每售出一支「音樂家贊助系列」筆，萬寶龍均捐贈相對基金贊助文化藝術活動或支持萬寶龍「國際交響樂團」，此樂團由90位來自全球40多國的年輕音樂家所組成，

全年巡迴世界各地演奏，宣揚「以音樂為世界帶來和平」的理想。這股源自文化的力量不僅在萬寶龍的耕耘下日漸茁壯，更成為所有萬寶龍的愛用者津津樂道之處。自此，萬寶龍不再只是名筆或精品，而是充滿生命與內涵的文化事業。

鑽石大王——蒂芙尼 Tiffany

　　1837年，查理士‧路易士‧蒂芙尼Charles Louis Tiffany籌措了1000美元作資本，與朋友在紐約市開了一間文具飾品店，店裡擺了許多雨傘、中國古玩和陶器。經過十二年的經營，Tiffany陸續增加手錶、時鐘、銀器和青銅器等物品。

　　之後，更在店面增設黃金及鑽石珠寶部門。貴重的黃金及鑽石珠寶反而發展成為整個企業的基石。蒂芙尼先生終其一生，可以稱的上是一位既有天賦又有創意的企業家，處處展現著敏銳的巧思。他不但能滿足顧客不同的需求和迥異的品味，亦能以自己的創意帶給顧客欣喜與驚奇。1850年左右，Tiffany & Co.買下了法國皇冠上的珠寶以及著名的法王路易十四之妻瑪麗安東尼的鑽石圈。也因此，當時的紐約時報將 Tiffany稱為「鑽石大王」。從此，奠定了Tiffany公司在世界珠寶界的領導地位及崇高聲望。

　　1851年蒂芙尼先生結識了約翰摩爾（John C. Moore），他是美國一位傑出的銀匠。這位合夥人憑著技藝為Tiffany獲得世界最出色銀器製造商的地位。1867年巴黎博覽會上，Tiffany贏得銀器製造金牌獎，這是美國公司第一次受外國評審推崇而獲得之殊榮。

1878年，Tiffany公司在世人的矚目之下，買下一顆約287.41克拉的黃鑽礦石。這顆總重287.41克拉的鑽石，經過七年的研究，最後被切磨成重128.54克拉的鑽石，以取得超乎尋常的稜面數（90），成為現今世界上最大、級質最高的黃鑽之一，並且被命名為「蒂芙尼之鑽」，長年展露其光華於Tiffany紐約總店中，發出最深邃的火光。1886年Tiffany將獨創的單顆六爪鑲嵌設計，即所謂「Tiffany鑲嵌法」引進市場。這種獨特的設計，能夠充分展現一顆頂級鑽石的光華。Tiffany這種六爪鑲嵌法是珠寶發展史上的大事。至今，它仍是所有定情戒款式中，最受歡迎的選擇。

　　Tiffany的發展史和世界名流有密切的關連，最為人稱道的是奧黛莉赫本小姐，她在「第凡內早餐」當中的倩影令全球影迷印象深刻，時至今日仍猶如Tiffany的代言人。而早在1861年，林肯總統為夫人挑選了整套蒂芙尼珍珠首飾於其就職典禮上佩帶。爾後，歷屆美國總統都特別青睞Tiffany的產品。例如：羅斯福總統的訂婚戒、詹森總統夫婦所選購的白宮國宴餐具、甘迺迪總統亦為Tiffany的常客、布希總統夫人所選的Tesoro手錶等。

　　另外，如李察波頓贈與伊莉莎白泰勒的海豚胸針、以及賈桂琳歐納西斯生前最鐘愛的18K金/琺瑯手鐲而被媒體譽為「賈姬手環」的名品等。Tiffany的產品在和諧、勻稱與規律的固有信念之下，堅守著品質與優雅品味的傳統，伴隨每個人從出生、學校畢業、結婚，直至成家立業的所有歡欣時刻，永遠保留住生命中最美好的畫面。

致謝

日商三共生興股份有限公司

永三企業股份有限公司

仙黛爾有限公司

台灣歷峰名品股份有限公司

台塑生醫科技股份有限公司

香港商萬寶龍太平洋有限公司台灣分公司

香港商愛馬仕太平洋鐘錶有限公司台灣分公司

保時國際有限公司

美商蒂芙尼國際股份有限公司台灣分公司

厚銘有限公司

班哲明股份有限公司

御木本真珠寶有限公司

愛彼股份有限公司

誼麗股份有限公司

攝影師：黃士庭　黃玉淇　陸大湧　于稚暉

（按筆畫先後順序排列）

LOCUS

LOCUS